Krippenausstellungen und Krippentradition in Telgte

Schriftenreihe des Relígio.
Westfälisches Museum für religiöse Kultur

Band 7

Rüdiger Robert

Krippenausstellungen und Krippentradition in Telgte

Ein Beitrag zur Geschichte des Museums Relígio

Waxmann 2024
Münster • New York

Gedruckt mit freundlicher Unterstützung
durch die Sparkasse Münsterland-Ost und
den Freundeskreis des Museums Relígio e.V.

Herausgegeben von Anja Schöne

Im Auftrag des Relígio – Westfälisches Museum
für religiöse Kultur GmbH

Bibliografische Informationen der Deutschen Nationalbibliothek
Die Deutsche Nationalbibliothek verzeichnet diese Publikation in der
Deutschen Nationalbibliografie; detaillierte bibliografische Daten sind
im Internet über http://dnb.dnb.de abrufbar.

Schriftenreihe des Museums Relígio, Band 7

Print-ISBN 978-3-8309-4913-8
E-Book-ISBN 978-3-8309-9913-3

Steinfurter Straße 555, 48159 Münster

www.waxmann.com
info@waxmann.com

Umschlagdesign: Anne Breitenbach, Münster
Umschlagabbildung: Rauminstallation der Gruppe tx02 in der Krippenausstellung, 2022/23
Satz: Roger Stoddart, Münster
Druck: Elanders GmbH, Waiblingen

Gedruckt auf alterungsbeständigem Papier,
säurefrei gemäß ISO 9706

Inhalt

Vorwort

Anja Schöne

Das Museum Relígio steht heute auf mehreren inhaltlichen Säulen: der Krippentradition mit ihren Krippenausstellungen und einer großen Sammlung von Krippen und Artefakten zum Weihnachtsfest, dem Themenkomplex Wallfahrt und Pilgern sowie der religiösen Pluralität und dem religiösen Dialog. Alle drei sind unverzichtbar für das Museum und erfüllen unterschiedliche Aufgaben innerhalb des Gesamtkonzeptes.

Die Krippenausstellungen, heute Krippenkunst-Ausstellungen, durchziehen die gesamte Museumsgeschichte mit – wie Rüdiger Robert zutreffend darlegt – zunehmender Bedeutung für das Museum. Sie vermitteln nicht nur Grundlagen des Christentums, sondern tragen mit ihren hohen Besuchszahlen auch zur Finanzierung des Museums bei.

Wallfahrt und Pilgern sowie die Marienverehrung sind ebenfalls Themen, die von Beginn an in der Arbeit des Museums ihren Niederschlag fanden. Nicht zuletzt zeugt der Gründungsname des Museums als „Wallfahrts- und Heimatmuseum" und die Lage direkt neben der Telgter Gnadenkapelle von dieser engen Verbundenheit. Die Wallfahrtsabteilung des Museums trägt dazu bei, die Stadt Telgte als Wallfahrtsstadt zu profilieren.

Zu diesen christlichen Themen kamen ab dem Jahr 2012 der sogenannte „Tisch der Religionen" und in den folgenden Jahren Sonderausstellungen hinzu, die – zumeist von einem christlichen Thema ausgehend – den Blick auf andere Religionen der Welt weiten, zum religiösen Dialog motivieren und zu Toleranz erziehen. Dabei wurden häufig Menschen unterschiedlichen Glaubens in die Vorbereitung einbezogen, da Museen heute als gesellschaftliche Akteure verstanden werden, die nicht nur soziale Realitäten präsentieren, sondern sie auch mitgestalten. Museen genießen nach einer deutschlandweiten Studie höchstes Vertrauen. Hermann Parzinger, Leiter der Stiftung Preußischer Kulturbesitz, sagt dazu:

> *„Doch dieses Vertrauen bringt auch Verantwortung mit sich: Museen können und sollten Position beziehen – allerdings in dem Bewusstsein, dass gerade ihre Wahrnehmung als neutrale Instanzen Grundlage für dieses Vertrauen ist. Kultureinrichtungen können die Urteilskraft in unserer Gesellschaft stärken. Genau darauf kommt es in diesen Zeiten an. Wir haben vielfältige Möglichkeiten, Wissen zu vermitteln, und sollten das auch im aufklärerischen Sinne tun."**

Das Museum Relígio erfüllt diese neuen museumswissenschaftlichen Ansprüche im Hinblick auf aktuelle religiöse Fragestellungen.

* Deutschlandweite Studie: Museen genießen höchstes Vertrauen – Stiftung Preußischer Kulturbesitz (preussischer-kulturbesitz.de), letzter Zugriff 3.10.2024.

Ganz wesentlich für die Zusammengehörigkeit der Leitthemen sind die Zielgruppen, die für das Museum heute relevant sind. Die Traditionsthemen sprechen insbesondere Menschen an, die eine kirchliche Bindung haben oder zumindest kulturreligiös zu verorten sind. Der Prozess der Entkirchlichung wirkt sich jedoch auch auf die Besucherstruktur eines Museums Relígio aus. Mit gesellschaftlich relevanten Themen und Teilhabe kann das Museum auch Besucher:innen gewinnen, die keine religiöse Bindung mehr haben. Verständlicherweise benötigt ein Museum wie das Relígio heute unterschiedliche Zielgruppen, die ein breites Spektrum religiöser Orientierung abbilden.

Eine Sonderrolle innerhalb der Ausstellungstätigkeit nimmt die Krippenkunst-Ausstellung ein. Mit dem Konzept, dass theoretisch jede:r an der Ausstellung teilnehmen kann, sie also partizipativ ist, war sie ihrer Zeit lange voraus. Sie verbindet alte und junge Menschen als Künstler:innen und Besucher:innen, sie ist inklusiv und demokratisch.

Herausgefordert durch die Veränderungen in der religiösen gesellschaftlichen Struktur, abnehmenden laienkünstlerischen Schaffen und durch neue kreative Richtungen wie der Do-it-yourself-Trend muss sich die Krippenkunst-Ausstellung den aktuellen Herausforderungen stellen.

In den letzten Jahren sind daher unterschiedliche Wege beschritten worden, neue Künstlerinnen und Künstler zu gewinnen. Beispielsweise wurden die Mitglieder des Kreiskunstverein Beckum-Warendorf zur Teilnahme eingeladen, es konnten Mitglieder der Landesinnung der Holzbildhauer in Baden-Württemberg gewonnen werden und es wurden die Holzschnitzschulen in Deutschland angeschrieben. Mit diesen Aktivitäten werden jedoch in der Regel keine neuen Laienkünstler:innen, sondern vor allem professionelle Akteur:innen gewonnen. Diese waren zwar immer an der Ausstellung beteiligt, nehmen aber in den letzten Jahren kontinuierlich zu. Damit wandelt sich die Telgter Ausstellung und erfüllt immer weniger die Erwartung, vor allem traditionelle Figurenkrippen zu sehen. Auf der anderen Seite profiliert sich die Ausstellung damit auch in vorsichtiger Abgrenzung zu vielen anderen Krippenschauen, die auf traditionelle Krippen setzten und weniger auf eine künstlerische Auseinandersetzung mit der Weihnachtsbotschaft.

Auch im Bereich der Gestaltung und Vermittlung setzt die Telgter Ausstellung seit einigen Jahren neue Akzente. Waren die Krippen früher vor allem in Vitrinen präsentiert oder als Landschaftskrippe mit Naturmaterialien dekoriert, so werden sie heute einzeln auf Sockeln als Kunstwerke präsentiert. Neue künstlerische Formen wie Film- und Videoprojektionen werden gezielt in Auftrag gegeben.

Die Vermittlungsangebote richten sich einerseits an ein älteres Publikum, wie beispielsweise Angebote für Menschen mit dementieller Erkrankung, aber auch an Familien mit Kindern, Schülerinnen und Schüler. Zudem werden die Krippenausstellungen in der Regel mit Fachvorträgen, Lesungen und spirituellen Angeboten begleitet.

Während die Krippenausstellungen in den 1980er und 1990er Jahren als „Selbstläufer" galten, braucht es heute aktive Maßnahmen, um sie bei Künstlerinnen und Künstlern wie auch bei Besucherinnen und Besuchern attraktiv zu halten. Mit etwa

12.000 Besuchen ist sie immer noch eine sehr attraktive und gut besuchte Ausstellung. Das liegt nicht nur an der Ausstellung selbst, sondern auch an der Bedeutung, die das Weihnachtsfest bis heute innerhalb der Gesellschaft hat. Weihnachten ist für viele Menschen das wichtigste religiöse Fest innerhalb des Jahres geworden, Weihnachtschristentum nennt man das. Davon profitiert auch die Telgter Krippenkunst-Ausstellung.

Doch die Besuchszahlen sind nicht der einzige Maßstab für den Erfolg einer Ausstellung oder eines Museums. Die wissenschaftlichen Ausstellungen mit ihren Publikationen oder auch die Erfüllung der Kernaufgaben Sammeln, Bewahren, Vermitteln tragen gleichermaßen zum Erfolg des Museums Relígio bei.

Ab dem Jahr 2010 sind die Archivalien zur Geschichte unseres Museums erfasst und in einem Findbuch zusammengetragen worden. 2023 wurde das Museumsarchiv im Dachgeschoss systematisch aufgestellt und ist seither für Forschungen nutzbar. Dieses Archiv ist Grundlage der vorliegenden Publikation. Prof. Dr. Rüdiger Robert hat sich erneut mit der historisch-politischen Entwicklung und den Verflechtungen der Museumsgeschichte befasst und mit akribischer Recherche versucht, die Rolle und Bedeutung der Krippenausstellungen herauszuarbeiten. Für diesen wertvollen Beitrag danken wir ihm sehr herzlich.

Heimathaus Münsterland und Museum Relígio

Abb. 1: Relígio – Westfälisches Museum für religiöse Kultur mit Telgter Gnadenkapelle

Das Westfälische Museum für religiöse Kultur in Telgte – kurz Relígio genannt – war und ist kein Krippenmuseum. Das gilt auch für die Zeit als Wallfahrts- und Heimatmuseum (1934–1937) bzw. Heimathaus Münsterland (1937–2012). Dennoch bestand und besteht seit jeher eine enge Verbindung des Museums zur Krippenkultur und zum Krippenbrauch, also jener weit verbreiteten kulturellen Handlung,

> „... zu Weihnachten in Wohnungen, Kirchen und sonst im öffentlichen Raum Weihnachtskrippen aufzustellen, um mit ihnen die Geburt Christi anschaulich zu vergegenwärtigen.“[1]

Folgerichtig firmiert das Relígio in der Öffentlichkeit immer noch vielfach als Krippenmuseum. Das ist verständlich, zumal die Auseinandersetzung mit dem Krippenwesen

---

1 Ostendorf, Thomas: Mit Optimismus in die Zukunft, Gespräch der Landesgemeinschaft der Krippenfreunde in Rheinland und Westfalen mit dem 1. Vorsitzenden, in: Die Weihnachtskrippe, 63. Jb., Telgte 2001, S. 117

Abb. 2: Krippe vor der ehemaligen Pastoratsscheune des Relígio, ausgestellt zur Advents- und Weihnachtszeit

als einem wichtigen Bestandteil der religiösen Alltagskultur trotz geänderter Zielsetzungen nach wie vor zu seinen Aufgaben gehört und die Krippenausstellungen jedes Jahr zur Advents- und Weihnachtszeit Tausende von Besucherinnen und Besuchern in das Museum ziehen.

Die Beschäftigung mit dem Krippenschaffen und dem Krippenbrauch reicht bis in die Anfangszeit des Museums zurück. Bereits wenige Monate nach der Einweihung und Eröffnung lud das Museum am 2. Dezember 1934 unter der Bezeichnung „Die Weihnachtskrippe in der Volkskunst“[2] zu einer ersten Krippenausstellung ein. In einem nur durch Krieg, Baumaßnahmen und Corona-Epidemie kurzzeitig unterbrochenen Reigen präsentiert das Museum seitdem alljährlich zur Advents- und Weihnachtszeit eine Ausstellung zeitgenössischer Krippen. Neben den Werken von Laienkünstlern werden Werke professionell Krippenschaffender ausgestellt. Neben traditionellen Krippen sind es Krippen mit zeitgenössischem Inhalt und Kritik an Politik und Gesellschaft, die zu sehen sind. In der Dauerausstellung stehen zudem neben westfälischen Krippen Krippen aus Europa, aber auch aus Afrika, Lateinamerika und anderen Teilen der Welt.

2 Vgl. Einladung des Wallfahrts- und Heimatmuseums Telgte zum Besuch der Ausstellung „Die Weihnachtskrippe in der Volkskunst“ 1934/35, Archiv des Museums RELíGIO Dep. 467

Die Zahl der Krippenausstellungen und das Alter des Museums sind nahezu deckungsgleich. 2024, im 90. Jahr seiner Gründung, hat das Relígio bereits seine 83. Krippen- bzw. Krippenkunstausstellung gezeigt. Unterstützung für seine breit gefächerte Arbeit findet das Museum vor allem bei seinen Trägern, also dem Bistum Münster, dem Kreis Warendorf, der Stadt Telgte, der Handwerkskammer Münster und der Stadt Münster, darüber hinaus aber auch bei einer Vielzahl von Freunden und Förderern. Dazu zählen neben dem Landschaftsverband Westfalen-Lippe der Westfälische Heimatbund, die Landesgemeinschaft der Krippenfreunde in Rheinland und Westfalen, die katholische Kirchengemeinde St. Marien Telgte, der 1969 gegründete Freundeskreis des Museums sowie örtliche und überörtliche Stiftungen. Sie alle sind Partner des Museums bei der Pflege der Krippenkultur und des Krippenbrauches in Westfalen. Lange Zeit gehörte zu diesem Kreis auch der Telgter Heimatverein.

Neben den im Vordergrund des öffentlichen Interesses stehenden Krippenschauen hat das Museum sehr frühzeitig seine Aufmerksamkeit dem Sammeln, Bewahren und Restaurieren historischer Krippen gewidmet. Zugleich hat es sich intensiv mit der Erforschung des Krippenwesens in Westfalen befasst. Bis in die Gegenwart ist dies – dokumentiert durch eine Vielzahl von Veröffentlichungen – ein Aushängeschild des Relígio.

Westfälisches Krippenschaffen

Abb. 3: Krippenepitaph des Telgter Pastors Melchior Sedler von 1615

Dr. Paul Engelmeier, der Gründer des Museums, ist erstmals in den 1930er Jahren der Frage nach den Ursachen für die im Vergleich zum Erzgebirge und Süddeutschland lange Zeit wenig bekannte Tradition der westfälischen Krippenkunst nachgegangen. Einen wesentlichen Grund sah er in dem Fehlen vollplastischer Weihnachtskrippen vor 1700. Dennoch – so seine Argumentation – sei die Weihnachtskrippe stets ein fester Bestandteil religiöser Volkskunst in Westfalen, speziell im Münsterland gewesen.

Die älteste reliefartige Krippendarstellung datiere aus dem Jahr 1129. Sie befinde sich an dem berühmten romanischen Taufstein in Freckenhorst. Die Gottesmutter sei hier nicht als dienende Magd, nicht als Königin oder Herrin an der Krippe wiedergegeben, sondern ganz als erdhafte Mutter.[3] Ein Beispiel für die früher in Westfalen so lebendigen geistlichen Krippenspiele sei zudem der Dreikönigsumgang in Münster. Die von Johann Brabender 1542 geschnitzten, beweglichen und mit Stoffgewändern bekleideten Figuren, die täglich die Gottesmutter mit dem Jesuskind umwandelten, seien zu Recht als Vorstufe, ja Vorbilder der westfälischen Krippenkunst bezeichnet worden. Nicht zuletzt sieht Engelmeier in dem Krippenepitaph für den Telgter Pastor Melchior Sedler von 1615 ein sprechendes Zeugnis für die Tradition des westfälischen Krippenschaffens. Der Dreißigjährige Krieg habe zwar dieses Kunstwerk verschont, ansonsten aber eine unübersehbare Vielzahl von „Schätzen heimatlicher Volkskunst" vernichtet. Erst um 1750 habe wieder eine neue aktive Krippenbewegung in Westfalen eingesetzt. In Form von Aufstellkrippen, Krippenkästen und später auch freistehenden, bekleideten Wachsfiguren sei sie zu einer beachtlichen künstlerischen Blüte gelangt.[4] Auch wenn das Material dieser Krippen leicht verderblich gewesen sei und die Krippen selbst nicht immer mit anderen Sakralgegenständen hätten konkurrieren können,[5] waren sie für Engelmeier doch Ausdruck einer tief verwurzelten Volksfrömmigkeit. Nicht ohne Stolz hat er deshalb in den ersten Jahren des von ihm geleiteten Heimathauses Münsterland mehrfach von wieder entdeckten und erhalten gebliebenen Wachsfiguren und Krippenschreinen berichtet. Sie waren für ihn Bestandteil einer nicht ausreichend gewürdigten Krippenkultur in Westfalen, einer Volkskunst, die seiner Meinung nach an schöpferischer Gestaltungskraft den Werken in den süddeutschen Ländern in nichts nachstand.[6]

Von den Überlegungen zur Vergangenheit hat Engelmeier eine direkte Verbindungslinie zum Krippenschaffen und zur Krippenkultur der Gegenwart gezogen. Was er damit klarstellen wollte, war, dass es ihm mit seinen Bemühungen um die Krippenkunst nicht allein darum ging, an historisch Gewachsenes zu erinnern und dieses gewissermaßen museal zu konservieren. Vielmehr zielte er darauf, mit den Krippenausstellungen „verschüttete Quellen des Volkstums" wieder aufzudecken und diese für seine Zeit fruchtbar zu machen, also alte und neue Volkskunst miteinander zu verknüpfen.[7] Das ist eine Aufgabe, der sich das Relígio bis in die Gegenwart verpflichtet fühlt, wenn auch in einem durch Pluralisierung, Säkularisierung und Globalisierung veränderten gesellschaftlichen Kontext.

Mit dem Streben von Paul Engelmeier nach einer Förderung „neuzeitlichen Krippenschaffens" waren in Anlehnung an die Westfälische Heimatbewegung anfangs durchaus Elemente einer neoromantischen, antizivilisatorischen Kritik verbunden. Sie

3 Vgl. Engelmeier, Paul: Die Weihnachtskrippe in der Münsterländer Volkskunst, in: Die Weihnachtskrippe, 12. Jb., Regensburg 1936, S. 23
4 Vgl. ebd.
5 Vgl. Alshut, Bernhard: Krippen in Westfalen, in: Die Weihnachtskrippe, 61. Jb., Telgte/Köln 1997, S. 43
6 Vgl. Engelmeier, Paul, a.a.O., S. 27
7 Vgl. ebd., S. 27 f.

Abb. 4: Maria mit Christkind aus der sogenannten Jesuitenkrippe, um 1780

äußerten sich nicht zuletzt in einer ablehnenden Haltung gegenüber der vielfach als überbordend empfundenen Urbanisierung und Industrialisierung.[8] Diese Einstellung spiegelte sich auch in den Äußerungen Engelmeiers zur Renaissance der Krippenkunst wider:

> „[Sie, R.R.] ist keineswegs, wie man früher lehrte, ein abgesunkenes Kulturgut, nein, die im Volkstum wurzelnden schöpferischen Kräfte konnten wohl vorübergehend durch den Massenansturm der Industriewaren zurückgedrängt, aber nicht vernichtet werden. Heute, wo man die verschütteten Quellen des Volkstums wieder aufgedeckt hat, sehen wir überall neue, künstlerische Talente aus dem Volke herauswachsen, die zum Lichte drängen; ihnen den Weg zu bereiten, ist eine der großen Kulturaufgaben unserer Zeit."[9]

8 Vgl. Robert, Rüdiger: Unterm Hakenkreuz. Entstehung und Anfänge des Heimathauses Münsterland im katholischen Telgte, Münster/New York 2018, S. 9ff.

9 Engelmeier, Paul, a.a.O. S. 27

Erklärtes Ziel des Museums war es, dazu einen Beitrag zu leisten. So präsentierte es bereits in seinen ersten Krippenschauen neben alten Münsterländer Krippen mit Stolz zeitgenössische Krippen junger, bis dahin unbekannter Künstler. Als Talente hätten sie – ohne handwerkliche und künstlerische Ausbildung – nur aus eigenem Erleben mit angeborener Begabung ihre Werke geschaffen. Aus der Sicht des Museums waren sie ein sichtbares Zeichen für die „ungebrochene Lebenskraft des Münsterländer Volkstums".[10]

Abb. 5: Trachtenkrippe – ehemalige „Sühnekrippe" – in der Propsteikirche St. Clemens zu Telgte

Als 1935 in Telgte ein „großer Kirchenraub" stattfand – unter anderem wurde die Jubiläumskrone des Telgter Gnadenbildes aus dem Jahr 1904 gestohlen – veranlasste Engelmeier, der Madonna als „Sühnegeschenk" eine sogenannte Westfalenkrippe zu kaufen. Auch sie war als ein Beitrag zur Wiederbelebung der münsterländischen Krippentradition gedacht. Als Trachtenkrippe war sie mit Figuren in regionaler Kleidung, einem Kiepenkerl und einem landschaftstypischen Vierständerhaus mit der Inschrift „Am

10 Vgl. ders.: Die Entdeckung einer neuen münsterländischen Volkskunstkrippe, Skript vom Dezember 1934, Archiv des Museums RELíGIO Dep. 467

Wendepunkt der Zeit, Maria und Josef in Telgte" versehen.[11] Eine ähnliche Belebung des Heimatlichen versuchten zur selben Zeit auch die Kirchengemeinden in Liesborn und Oelde sowie in Warendorf. Engelmeier stand mit seinen Bemühungen also nicht allein.[12] Dennoch stieß die Krippe in der Öffentlichkeit keineswegs auf ungeteilte Zustimmung. Von kirchentreuen Katholiken wurde sie teilweise heftig kritisiert. Das hatte unterschiedliche Gründe. Zum einen wurde sie wegen ihres Stils als oberflächlich – als „absolut auf Profanierung des heiligen Geheimnisses" gerichtet – verurteilt.[13] Zum anderen wurde ihr fälschlicherweise eine Anbiederung an nationalsozialistisches Gedankengut unterstellt. Es handele sich mit dem Balkenschnitzwerk und den westfälisch-bäuerlichen Figuren um eine Art „Schaustück von Volkstum, Rasse, Boden und dergleichen mehr".[14] Auch ihre Aufstellung in der Gnadenkapelle stieß auf Kritik. Sinn und Zweck der Gnadenkapelle sei einzig und allein die Verehrung der Schmerzhaften Mutter Gottes, nicht hingegen die Präsentation einer Krippe.[15]

Dem Streben nach einer Erneuerung der Krippenkultur und des Krippenbrauches in Westfalen hat diese Kritik keinen Abbruch getan. Das Museum hielt an seiner selbst gewählten Doppelaufgabe fest, nämlich zum einen der Bewahrung und Pflege alten Volks- und Kulturgutes in Form der Krippenkunst, zum anderen der Wiedererweckung und zeitgemäßen Nutzbarmachung dieser Kulturgüter. Heimatpflege und religiöse Verbundenheit standen dabei in gleicher Weise Pate. Worum es aus der Sicht Engelmeiers letztlich ging, war nichts weniger als die zeitgemäße

> „.Verlebendigung des geheimnisvollen Geschehens der Christnacht, die ihre Wurzeln findet im Echten und Bodenständigen der Heimatscholle und in der natürlichen Volksfrömmigkeit des Münsterländers."[16]

Der Schwerpunkt der Bemühungen um eine Erneuerung des Krippenschaffens lag auf vollplastischen figürlichen Darstellungen der Heilsgeschichte.[17] Einen besonderen Anreiz zur Schaffung solcher Werke bot das Museum mit der alljährlichen Präsentation von Krippen in der ehemaligen Telgter Pastoratsscheune. Es handelte sich dabei nicht um eine bloße Aneinanderreihung von Krippen, sondern um Ausstellungen, die bestrebt waren, jeweils anhand von Beispielen einen Überblick über Stand und Entwick-

---

11 Vgl. Engemann, Karl-Heinz: Die Weihnachtskrippen der Propsteikirche zu Telgte. Geschichte und Bestand, Telgte 1985, S. 8 ff.

12 Vgl. Goeken, Josef.: Krippenbrauchtum im Kreise Warendorf/Ems, in: Die Weihnachtskrippe, 18. Jb., Regensburg 1950, S. 37 f.

13 Vgl. Schreiben von Karl Hölker an Propst Schrull vom 11.02.1936, zit. nach Engemann, Karl-Heinz, a.a.O., S. 27

14 Vgl. Anonymes Schreiben von Wallfahrern aus Köln und Essen an die Propstei Telgte vom November 1936, zit. nach Engemann, Karl-Heinz, a.a.O., S. 30

15 Vgl. Robert, Rüdiger: Mehr als ein Versprechen. Vom Heimathaus Münsterland zum Museum RELíGIO, Münster/New York 2021, S. 75

16 Engelmeier, Paul: Westfälische Krippenkunst – Skript 1936, Archiv des Museums RELíGIO Dep. 472

17 Vgl. ders.: Westfälische Weihnachtskrippen, in: Weihnachtskrippen aus Polen und Westfalen, Katalog zur 29. Krippenausstellung des Heimathauses Münsterland 1969/70, S. 14 u. 18

Abb. 6: Telgter Wallfahrts- und Heimatmuseum im Gründungsjahr 1934

lung des Krippenkunst in Westfalen und im Münsterland zu geben. Die Räumlichkeiten, über die das Museum zu diesem Zweck verfügen konnte, waren in den ersten Jahren nach seiner Gründung äußerst bescheiden, belief sich die gesamte Ausstellungsfläche doch gerade einmal auf 120 qm. Erst mit der Fertigstellung des Dominikus-Böhm-Erweiterungsbaus trat hier 1937 eine deutliche Verbesserung ein. Auch im Bereich der Sammlung und Bewahrung von Exponaten waren die zur Verfügung stehenden Mittel zunächst begrenzt. Gleichwohl wurden seinerzeit die ersten Schritte zum Aufbau einer eigenen großen Krippensammlung getan.

Zwischen „Christenkreuz" und „Hakenkreuz"

Eine besondere Herausforderung für die Pflege von Krippenkultur und Krippenbrauch war im „Dritten Reich" das Spannungsfeld zwischen „Christenkreuz" und „Hakenkreuz". Ambivalenz, ja Gegnerschaft im Verhältnis zwischen Staat und Kirche war hier vorprogrammiert. Davon betroffen war auch das Heimathaus Münsterland. Die Intensität der damit verbundenen Auseinandersetzungen nahm im Verlauf der Zeit zu. Das galt – soweit erkennbar – weniger für die dem Museum ebenfalls obliegende Aufgabe der Pflege ländlicher Handwerks- und Wohnkultur als für den Bereich der religiösen Kultur insgesamt. Die Ursachen lagen in den unterschiedlichen Zielvorstellungen und Interessen von katholischer Seite und Nationalsozialismus.

Der Impuls, der von der katholischen Kirche zur Gründung des Heimathauses ausging, war ein völlig anderer als der von nationalsozialistischer Seite. So galt das Interesse der katholischen Kirche vorrangig dem kulturellen Erbe Telgtes als Wallfahrtsort und Stätte der Marienverehrung.[18] Anknüpfen konnte sie dabei an eine Jahrhunderte alte Übereinstimmung von Volks- und Elitenfrömmigkeit. Spätestens seit dem Kulturkampf war die gemeinsame Suche nach Heilsgewissheit auch ein Element des politischen Kampfes. Wallfahrt und Marienverehrung waren seitdem Ausdruck des katholischen Selbstbehauptungs- und Widerstandswillens gegen jeden Versuch obrigkeitsstaatlicher Unterdrückung. Auch in der Weimarer Zeit bedeutete Wallfahrt in und nach Telgte deshalb eine andauernde Bestätigung katholischen Bekenntnisses und katholischer Überzeugungen.[19] Die Pflege religiöser Volkskunst und religiösen Brauchtums war damit eng verbunden. Heimat- und Kulturpflege waren für die katholische Kirche ein Akt der Selbstvergewisserung. Das alles waren Überlegungen, die auch bei der Entscheidung des Telgter Kirchenvorstands Pate gestanden haben dürften, mit der Pastoratsscheune und der Übernahme einer finanziellen Bürgschaft 1934 die notwendigen Voraussetzungen für die Gründung eines Wallfahrts- und Heimatmuseums am Ort zu schaffen.[20]

Die Nationalsozialisten verfolgten mit der Heimat- und Brauchtumspflege gänzlich andere Zielsetzungen. Das Museum in Telgte sollte auf gar keinen Fall den Charakter eines konfessionellen Instituts annehmen.[21] Stattdessen sollte es der Rückbesinnung auf die „in Blut und Boden ruhenden Urkräfte" des deutschen Volkes dienen. Dieser Absicht entsprechend wurden Volkskunst, Heimatgeschichte und Brauchtum

---

18 Vgl. Robert, Rüdiger: Unterm Hakenkreuz. Entstehung und Anfänge des Heimathauses Münsterland im katholischen Telgte, a.a.O., S. 26 f.

19 Vgl. Freitag, Werner: Volks- und Elitenfrömmigkeit in der frühen Neuzeit. Marienwallfahrten im Fürstbistum Münster, Paderborn 1991, S. 362 ff.

20 Vgl. Kirchenvorstandsbeschluss vom 13.05.1934, Abschrift aus dem Protokollbuch der Kirchenvorstandssitzungen, Pfarrarchiv Telgte

21 Vgl. Schreiben des Gauobmanns Böhnert an den Landrat des Landkreises Münster vom 18.01.1937, Archiv des Museums RELíGIO Dep. 311

Abb. 7: Kampfansage an den Nationalsozialismus, Beilage zum Marienboten vom 17. Mai 1931

uminterpretiert. Volk, Raum und Rasse wurden zu entscheidenden Kriterien von Kultur und Wert einer Bevölkerung erklärt. Für die Heimatpflege galt das Primat der politischen Schulung. Ihr Zweck sollte die Förderung des übereinstimmenden Willens zu einer Volks- und Stammesgemeinschaft sein, eine Hingabe des Einzelnen, von der im Übrigen angenommen wurde, dass sie durch eine rein verstandesmäßig aufgezogene Organisation auf dem Gebiet der deutschen Kulturgestaltung nicht erreichbar sei. Folgerichtig wurde an die Stelle von Individualität und Privatheit die Vergemeinschaftung gesetzt. Zugleich traten an die Stelle von Selbstverwaltung zentrale Steuerung und Überwachung. Museen sollten nicht in einem Zustand schwärmerischer Altertümelei verharren, sondern sich als Wegbereiter für den angestrebten Aufbruch in eine neue Zeit erweisen.[22]

Die Weltanschauung des Nationalsozialismus und das Wertesystem der katholischen Kirche ließen sich nicht miteinander vereinbaren. Daran vermochte auch das Konkordat zwischen dem Heiligen Stuhl und dem Deutschen Reich vom 22. Juli 1933

22 Vgl. Robert, Rüdiger: Mehr als ein Versprechen. Vom Heimathaus Münsterland zum Museum RELíGIO, a.a.O., S. 22

Abb. 8: Sonnenuhr der „Schmerzhaften Mutter“ am Heimathaus Münsterland, 1935

nichts zu ändern. Ambivalenz bestand fort und Konflikte waren vorprogrammiert. Das wurde bereits im Vorfeld der Gründung des Museums ersichtlich. So stieß die Auswahl der Künstler für die Eröffnungsausstellung 1934 auf Widerstand. Beschwerden der örtlichen NSDAP-Leitung waren für den Kreisringführer des Heimatbundes, Landrat Friedrich Böckenhoff, Anlass, Engelmeier als Museumsleiter schriftlich aufzufordern, künftig immer wieder und unter allen Umständen die Partei in der Person des Ortsgruppenführers und des Ortskulturwartes möglichst weitgehend in seine Entscheidungen einzubeziehen.[23] Auf Widerstand stieß auch das Vorhaben einer kirchlichen Segnung des Museums bei seiner Eröffnung. Insbesondere die Teilnahme in Parteiuniform wurde in Frage gestellt. Erst ein Votum des Landeshauptmanns Karl-Friedrich Kolbow

23 Vgl. Schreiben von Landrat Friedrich Böckenhoff an Paul Engelmeier vom 04.06.1934, Archiv des Museums RELíGIO Dep. 265

machte dafür den Weg frei. Es handele sich – so seine Begründung – lediglich um eine unpolitische, rein kirchliche und dazu noch im Brauchtum des Volkes verwurzelte Angelegenheit.[24] Dass dies auch anders gesehen werden konnte, zeigte sich bereits ein Jahr später, als an der Stirnseite des Museums eine Sonnenuhr der „Schmerzhaften Mutter" angebracht wurde.

Abermals regte sich Widerstand aus dem nationalsozialistischen Lager. Wegen ihres religiösen Gehalts wurde die Sonnenuhr als „Seelendressur" verunglimpft, die christliche Suggestionen verkünde. Auch wenn die Kritik von außerhalb Telgtes kam, nämlich von Mathilde Ludendorff, der zweiten Ehefrau von Erich Ludendorff, und vor Ort kein Echo fand, verdeutlichte sie doch die Schwierigkeiten, mit denen die Pflege religiöser Volkskunst unter dem Vorzeichen des Nationalsozialismus zu kämpfen hatte.[25] Für das Museum ergaben sich trotz gegenteiliger Bemühungen aus dem Spannungsfeld zwischen „Christenkreuz" und „Hakenkreuz" ständig Probleme mit der Ortsgruppenleitung der NSDAP-Telgte, der örtlichen SA-Gruppe und der Kreisleitung der NSDAP.[26]

Von den 39 Ausstellungen, die das Museum in den Jahren 1934 bis 1943 zeigte, war nur ein Teil der religiösen Volkskunst gewidmet. Wallfahrt, Gnadenbild, Hungertuch und Krippen bildeten den Kern der religiöse Brauchtumspflege durch das Heimathaus Münsterland. Welche Ausstellungen überwiegend dem Themenfeld Religion zuzuordnen waren, lässt sich nicht immer zweifelsfrei ermitteln. Zahlenmäßig dominierten in jedem Fall die Ausstellungen zur ländlichen Handwerks- und Wohnkultur. Nur etwa ein Dutzend der Ausstellungen diente in erster Linie der Pflege der religiösen Volkskunst. Das war nicht zuletzt in Verbindung mit geschichtlichen Themen und Anlässen der Fall. Von den Ausstellungen zur religiösen Volkskunst befassten sich lediglich sieben mit der Krippenkultur und dem Krippenbrauch.[27]

Der Zustrom an Besucherinnen und Besuchern zu diesen Ausstellungen war begrenzt. Von einem größeren Publikumsandrang konnte noch keine Rede sein. Die Krippenausstellung um die Jahreswende 1937/38 zählte ganze 3.300 Gäste. Damit war sie diejenige Krippenausstellung, die die größte Besucherzahl im ersten Jahrzehnt des Bestehens des Museums aufwies. Insgesamt waren es überhaupt nur 15.000 Personen, die die Krippenausstellungen zwischen 1934 und 1943 besuchten. Gemessen an der Gesamtzahl von etwa 200.000 Besuchern, die das Museum in dieser Zeit aufsuchten, war das ein Anteil von nicht einmal 8 Prozent. Allein die Jubiläumsausstellung zum 700-jährigen Bestehen der Stadt Telgte 1938 zog mit über 20.000 Besucherinnen und Besuchern mehr Personen in das Heimathaus als alle Weihnachts- und Krippenausstellungen bis zur Schließung des Museums im Zweiten Weltkrieg. Die Pflege der

24 Vgl. Aktenvermerk des Landrats des Landkreises Münster vom 27.7.1934, Archiv des Museums RELíGIO Dep. 133

25 Vgl. Robert, Rüdiger: Mehr als ein Versprechen. Vom Heimathaus Münsterland zum Museum Relígio, a.a.O., S. 50f.

26 Vgl. Aktenvermerk von Paul Engelmeier aus dem Jahr 1948, S. 2, Archiv des Museums RELíGIO Dep. 420

27 Vgl. Robert, Rüdiger: Mehr als ein Versprechen. Vom Heimathaus Münsterland zum Museum Relígio, a.a.O., S. 67f.

Besucherinnen und Besucher des Heimathauses Münsterland 1934/35 bis 1943

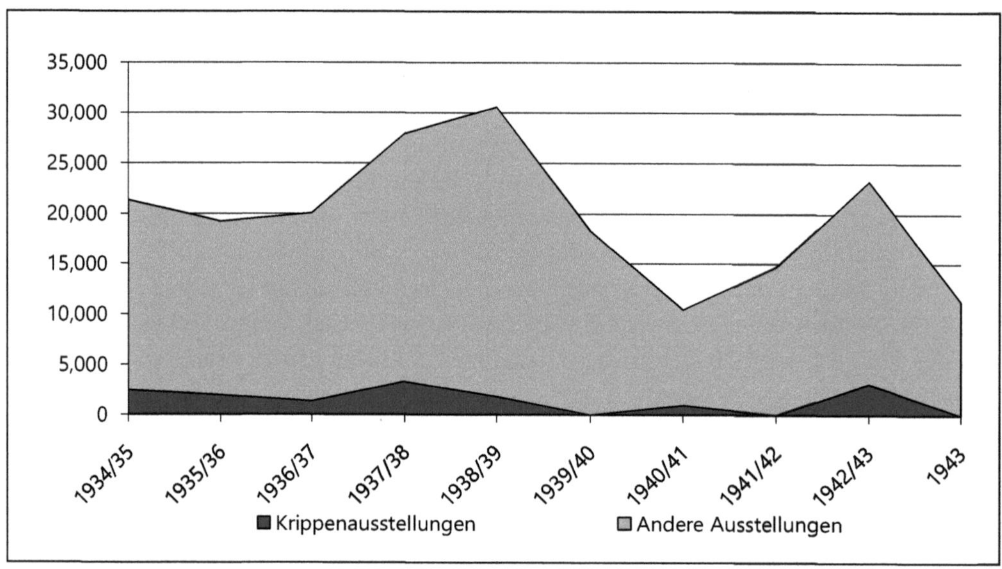

Erläuterung: Zuordnung des Monats Januar jeweils zum Vorjahr – Statistische Angaben des Museums Relígio

Krippenkultur und des Krippenbrauches entwickelte sich nur langsam zu einem wichtigen Bestandteil der Arbeit des Museums. Sie war aber nicht dominant für das Museumsgeschehen.

Die Bedeutung des Christfestes und die damit verbundene Verankerung in der Alltagskultur waren im „Dritten Reich" gleichwohl ein Politikum. Krippenausstellungen waren in besonderem Maß geeignet, die unterschiedlichen Auffassungen von katholischer und nationalsozialistischer Seite über die Pflege religiöser Volkskunst zu Tage treten zu lassen. Es verwundert deshalb auch nicht, dass die Krippenausstellungen des Heimathauses Münsterland nach und nach einem Gestaltwandel unterlagen. Resilienz und Anpassung waren dafür gleichermaßen kennzeichnend. Der von nationalsozialistischer Seite ausgeübte Druck lässt sich nicht in allen Einzelheiten nachverfolgen. Die Spannungen zwischen „Christenkreuz" und „Hakenkreuz" führten jedoch dazu, dass die „Christliche Weihnacht" allmählich in eine Defensivposition geriet.

Die erste Krippenausstellung, die das Heimathaus 1934/35 zeigte, war klein. Das Museum fügte sich damit in den breiten Strom der seinerzeit in Deutschland aufblühenden Krippenbewegung ein. Sie ließ seit dem späten 19. Jahrhundert nicht nur hervorragende Krippensammlungen wie die des Bayerischen Nationalmuseums in München für Süddeutschland, den Alpenraum und Süditalien entstehen. Zugleich kamen auch Krippenausstellungen immer mehr in Mode. Beispiele dafür waren die Katholikentage in Dortmund und Münster 1927 und 1930. Sie zeigten jeweils eigene Krippenschauen. Die Zahl der Vereinigungen, die sich der Pflege der Krippenkultur und

Abb. 9: Krippenkasten mit bekleideten Wachsfiguren aus Warendorf

des Krippenbrauches widmeten, nahm deutlich zu. Das galt auch für den ländlichen Bereich in Westfalen. In Telgte war es Vikar Hubert Niehues, der im Dezember 1929 zur Beteiligung an einer Krippenschau im lokalen Jugendheim aufrief. 1930 besuchten die Mitglieder des von ihm geleiteten katholischen Jugendvereins die Krippenschau des Katholikentages in Münster. Und am dritten Adventssonntag desselben Jahres gestaltete der Verein sogar eine eigene Krippenausstellung mit zwölf Krippenarbeiten in den Räumlichkeiten des Emilienhauses.[28]

Die Krippenausstellung von 1934/35 war noch ganz von dem Gedanken der Wiederentdeckung und Wiederbelebung volkstümlicher westfälischer Krippenkunst bestimmt. Ziel der Ausstellung war es dabei nicht, möglichst viele Krippen zu zeigen. Qualität ging vor Quantität. Präsentiert wurde deshalb nur eine Auswahl als besonders wertvoll erachteter Stücke alter und neuer Volkskunst.[29] Nicht ohne Stolz wurde

28 Vgl. Ostendorf, Thomas: Die Krippenausstellungen im Heimathaus Münsterland, in: Katalog zur 50. Krippenausstellung des Heimathauses Münsterland 1990/91, S. 11

29 Vgl. Schreiben von Paul Engelmeier an Friedrich Dücker, Vorsitzender der Landesgemeinschaft der Krippenfreunde in Rheinland und Westfalen, vom 10.11.1934, Archiv des Museums RELíGIO Dep. 467

Abb. 10: Münsterländer Krippe von Heinrich Budde aus Greffen, 1928/29

verkündet, dass es tatsächlich gelungen war, eine Anzahl alter Münsterländer Krippen aus dem 18. und 19. Jahrhundert zusammenzutragen. Darunter befand sich als ältestes Exponat auch ein Krippenkasten mit besonders seltenen Wachsfiguren. Darüber hinaus wurde ein Dutzend Krippen als Beleg für das neuzeitliche Krippenschaffen in Westfalen gezeigt.

Eine dieser Krippen – bis heute in der Dauerausstellung des Relígio zu besichtigen – galt als besonderes Zeichen für das Einfache und Unverbildete neuer bodenständiger Volkskunst. Dabei handelte es sich um die Krippe des 16-jährigen Köttersohnes Heinrich Budde aus Greffen. Für Paul Engelmeier war sie geradezu ein Paradebeispiel für eine schlichte namenlose Volkskunstkrippe:

> „Beglückt und voll Entzücken erleben wir hier eine aus dem Volk heraus geborene Kunst, eine ‚Volkskunst' im wahrsten Sinne des Wortes, die uns gerade deshalb so stark anspricht, weil sie so ganz volkstümlich und urwüchsig wirkt. Heinrich Budde, der junge begnadete Schöpfer dieser zehn heimatlichen Krippenfiguren, der drei Schäfchen und des dazugehörenden Münsterländer Stalles hat niemals irgendeine sachgemäße Anleitung bei der Ausübung seiner Schnitzkunst erhalten. Was er schafft, gestaltet er aus eigener natürlicher Schöpferkraft, die im Boden seiner Heimat wurzelt."[30]

30 Engelmeier, Paul: Die Entdeckung einer neuen Münsterländer Volkstumskrippe, Skript vom Dezember 1934, a.a.O.

Mit der Propagierung des Krippenbrauches als „Ausdruck der Lebenskraft des westfälischen, speziell des Münsterländer Volkstums“ folgte das Museum nicht nur dem Ziel der Förderung „neuzeitlichen Krippenschaffens“, sondern beschritt auch einen Weg, der durchaus zeitgenössischem Empfinden entsprach. Mit dem Streben der westfälischen Heimatbewegung nach Erkundung, Bewahrung und Fortentwicklung des Überlieferten und als gut Erachteten ging er durchaus konform. Der von den Nationalsozialisten betriebenen Neuausrichtung der „Heimat- und Volkstumspflege“ mit ihrer Betonung der „Regiozentrik“ als „Kraftquelle des Deutschtums“ widersprach er zumindest nicht.[31] Zugleich gelang es, mit der Präsentation alter und neuer Krippen dem Streben nach Pflege christlich-katholischen Brauchtums als einem zentralen Auftrag des Museums gerecht zu werden.

Dennoch kam es in einem Punkt der Ausstellung zu einer Auseinandersetzung mit den Nationalsozialisten. Ende 1934 wurde Paul Engelmeier vorgeworfen, mit einer der Krippen „Rassenschande“ zu betreiben. Stein des Anstoßes war eine Figur, die einen der drei Heiligen Könige als „Mohr“ zeigte. Der Museumsleiter wurde vor den Kreisleiter der NSDAP zitiert:

Abb. 11 u. 12: Hirtenfiguren und Weihnachtsengel aus einer Münsterländer Biedermeierkrippe, um 1810

31 Vgl. Oberkrome, Willi: „Deutsche Heimat“. Nationale Konzeption und regionale Praxis von Naturschutz, Landschaftsgestaltung und Kulturpolitik in Westfalen-Lippe und Thüringen (1900–1960), Paderborn/München/Wien/Zürich 2004, S. 197

Abb. 13: „Neuzeitliche Krippe" von Georg Schwarte aus Emsdetten, 1936

> „Erst mit dem Hinweis auf die Überlieferung und Darstellung in der mittelalterlichen Kunst konnte er, wie es damals hieß, Weiterungen verhindern." [32]

Der Versuch, eine Brücke zwischen alter und neuer westfälischer Krippenkunst zu schlagen, wurde mit den Krippenausstellungen 1935/36 und 1936/37 fortgesetzt. Konzeptionell änderte sich an diesen Ausstellungen wenig. Wiedererweckung und Nutzbarmachung alten Volksgutes für das neuzeitliche Krippenschaffen blieben das beherrschende Thema. Der Kreis der Schöpfer zeitgenössischer Laienarbeiten allerdings erweiterte sich. Neben Heinrich Budde, der 1936/37 mit einem dreiteiligen handgeschnitzten und farbigen Krippenrelief erneut seine Kreativität unter Beweis stellte, traten nunmehr insbesondere zwei Laienkünstler aus Emsdetten, nämlich Willi Sandfort und Georg Schwarte.[33] Eine von dem Fabrikarbeiter Sandfort in zwei Größen volkstümlich gestaltete Krippendarstellung fand wegen ihrer in allen Details liebevoll gestalteten Arbeit seinerzeit besondere Aufmerksamkeit. Das Werk Schwartes wurde im Münsterischen Anzeiger Anfang 1937 als beachtenswerte Entdeckung einer Verlebendigung des geheimnisvollen Geschehens der Christnacht gerühmt:

---

32 Krins, Franz: Biographie und Bibliographie Dr. Paul Engelmeier, in: Ders. (Hrsg.): Festschrift 50 Jahre Heimathaus Münsterland Telgte (1934–1984), Telgte 1984, S. 11

33 Vgl. o. V.: Münsterländische Weihnachtskrippen, in: Münsterische Zeitung, Weihnachtsausgabe 1936, Archiv des Museums RELíGIO Dep. 476

„Dieser noch nicht 16 Jahre alte Weber hat drei prächtige Gruppen aus Eichenholz geschnitzt, die ungewöhnlich im Thema (‚Herbergssuche'), sprechend in der Gebärde (‚Betender Bauer') und überraschend vollendet in der Geschlossenheit ihrer Komposition (‚Familiengruppe') sind."[34]

Einige dieser Werke hat das Museum – wie auch das Erstlingswerk von Georg Budde – zeitnah als Stücke „guter neuzeitlicher Volkskunst" für seine Krippensammlung angekauft. Was sich dahinter verbarg, war durchaus eine soziale Absicht, nämlich die ideelle und finanzielle Förderung der nicht immer aus gesicherten wirtschaftlichen Verhältnissen stammenden Laienkünstler.[35] Neben herausragenden Einzelleistungen wurden in den Krippenausstellungen auch andere Arbeiten „junger Talente" gezeigt. Dazu zählten beispielweise Exponate, die aus der Bildhauerklasse des Münsteraner Professors Franz Guntermann oder aus der Schule des Dülmener Künstlers Jodukus Vredis stammten.[36] Was in späteren Jahren fast schon zu einem Normalfall werden sollte – die Mitwirkung von Telgter Kunstschaffenden an den Krippenausstellungen – lässt sich auch bereits für die 1930er Jahre nachweisen. 1936/37 beteiligte sich Hans Dinnendahl, der erst wenige Monate zuvor nach Telgte gezogen war, mit einem schlichten Tonrelief an der Krippenausstellung.[37] Das war zugleich ein Beweis für die frühzeitige Einbindung professioneller Künstler in die Arbeit des Museums.

Zentraler Bestandteil der Krippenschauen war und blieb selbstredend die Präsentation von Werken alter religiöser Volkskunst. Im Fall der Reliefdarstellung des Freckenhorster Taufsteins musste sich das Heimathaus mit einer bildlichen Darstellung zufriedengeben. Das Krippenepitaph auf dem Grabstein des 1615 verstorbenen Telgter Pfarrers Melchior Sedler konnte das Museum hingegen im Original zeigen: Die Anbetung der Heiligen Drei Könige, die im Mittelpunkt stehende Figur des Heiligen Melchior und dahinter den in seiner Amtskleidung knieenden Pfarrer (siehe Abb. 3, S. 14). In wechselnder Folge wurden auch historische Krippendarstellungen präsentiert – darunter eine alte Silbergussplakette aus dem Besitz der Telgter Pfarrkirche, ein Ausschnitt aus einem Werk des namentlich nicht bekannten Liesborner Meisters aus der Zeit um 1465 und die berühmten Figuren vom Umgang der Domuhr in Münster.[38] Eine Besonderheit war, dass es gelang, einen der ältesten Münsterländer Krippenkästen aus Zwillbrock bei Vreden nach Telgte zu holen und käuflich zu erwerben. Der in Dachform gearbeitete Schrein mit Wachsfiguren in reicher Kleidung markiert einen Höhepunkt des westfälischen Krippenschaffens um 1750.[39]

---

34 Vgl. Köster, Heinz: Lebendige Volkskunst, 14. Monatsausstellung im Heimathaus Münsterland in Telgte, in: Münsterischer Anzeiger. Amtliches Organ des Gaues Westfalen-Nord der NSDAP vom 03.01.1937, Archiv des Museums RELíGIO Dep. 476

35 Diese Angaben lassen sich der erhalten gebliebenen Korrespondenz zur Krippenausstellung von 1935/36 entnehmen. Vgl. dazu Archiv des Museums Relígio Dep. 476

36 Vgl. o. V.: Die Weihnachtskrippe der Heimat, Zeitungsartikel, o.J. u. o.O., Archiv des Museums Relígio Dep. 472

37 Vgl. Köster, Heinz, a.a.O.

38 Vgl. ebd.

39 Vgl. Pressenotiz des Heimathauses Münsterland, o. D., Archiv des Museums Relígio Dep. 476

Abb. 14: Dreiteiliges Krippenrelief – handgeschnitzt und farblich gestaltet – von Heinrich Budde aus Greffen, 1936/37

Neue Akzente setzte das Museum mit der Präsentation von Exponaten aus dem Rheinland und dem Erzgebirge. Behutsam erweiterte das Museum hier seine Aktivitäten über den westfälischen Raum hinaus. Zugleich begann es, sich intensiv mit der Frage von Weihnachtsbräuchen auseinanderzusetzen. Das betraf vor allem den Brauch des Weihnachtsbackens. Neben Hefeteiggebäck – das Spektrum reichte hier von der Schnecke und Doppelschnecke bis zu kunstvollen Stutenkerlen, „Kricklingen" und „Vögelkes" – wurden unterschiedliche Eiserkucheneisen und Spekulationsformen gezeigt.[40] In der Gegenwart erinnert an diese Tradition das alljährliche Eiserkuchenbacken des Museums zur Jahreswende.

Mit der Veröffentlichung des Aufsatzes von Paul Engelmeier „Die Weihnachtskrippe in der Münsterländer Volkskunst"[41] im Jahrbuch des Kartellverbandes deutscher Krippenfreunde 1936 trat das Museum aus seinem eigenen Schatten. Vorausgegangen war der Veröffentlichung ein reger Gedankenaustausch mit dem Berufsschuldirektor Friedrich Dücker aus Bad Godesberg. Dieser war seit dem Zusammenschluss der Krippenfreunde in Rheinland und Westfalen am 25. November 1925 Vorsitzender der gleichnamigen Landesgemeinschaft.[42] In dieser Eigenschaft hatte er engen Kontakt zu Engelmeier und vermittelte dem Museum wiederholt Exponate für die Krippenausstellungen. Bereits im Januar 1935 hatte er Engelmeier um einen schriftlichen Beitrag über die Krippenkultur in Westfalen für das Jahrbuch der Landesgemeinschaft gebeten. Auf diese Weise sollte die bislang wenig gewürdigte Bedeutung Westfalens für das Krippenschaffen hervorgehoben und einer breiteren Öffentlichkeit bekannt gemacht werden.[43] Die Publikation führte – zumindest in interessierten Kreisen – zu einer beachtlichen

40 Vgl. Marienbote vom 15.12.1935, S. 539
41 Vgl. Engelmeier, Paul: Die Weihnachtskrippe in der Münsterländer Volkskunst, a.a.O.
42 Vgl. Dücker, Friedrich: Rückblick zum 25-jährigen Jubiläum, in: Die Weihnachtskrippe, 18. Jb., Regensburg 1950, S. 3
43 Vgl. Schreiben von Friedrich Dücker an Paul Engelmeier vom 14.01.1935, Archiv des Museums Relígio Dep. 467

Abb. 15: Heimathaus Münsterland mit Dominikus-Böhm-Erweiterungsbau, 1939

Resonanz. Damit war zugleich das Fundament für eine intensive Zusammenarbeit des Heimathauses Münsterland und der Landesgemeinschaft der Krippenfreunde gegeben. Um die Jahreswende 1938/39 kam Friedrich Drücker erstmals zu einem Besuch der Krippenausstellung nach Telgte.[44]

1937 erhielt das Heimathaus mit dem Dominikus-Böhm-Bau seine erste dringend benötigte Erweiterung. Sie machte es möglich, der gewachsenen Bedeutung des Museums als einer Volksbildungsstätte des Landkreises Münster besser gerecht zu werden. Gleichzeitig änderten sich unter dem Einfluss des Nationalsozialismus die Rahmenbedingungen für die Arbeit des Museums. Das betraf insbesondere die Vorstellungen über Inhalt und Gestalt des Weihnachtsfestes. Das Julfest trat in seiner Bedeutung zunehmend in Konkurrenz zum Weihnachtsfest. Ab Mitte der 1930er Jahre erschienen dazu vermehrt Veröffentlichungen von nationalsozialistischer Seite. Sie hatten alle einen Tenor, nämlich die Entkoppelung des Weihnachtsfestes von seinen christlichen Wurzeln. Mit einem Beitrag „Weihnachten im deutschen Raum" wandte sich der katholische Theologe und Kirchenhistoriker Hugo Dausend heftig gegen derartige Versuche. Nicht Vaterland und Muttertum seien die Träger dieses Festes. Nicht der Glaube

44 Vgl. Schreiben von Paul Engelmeier an Emil Krause vom 19.01.1939, Archiv des Museums Relígio Dep. 485

an die Wiederkehr neuen Wachstums aus eigenem Blut sei der Kern von Weihnachten. Die Heilige Nacht gelte

> „... nicht einem rein natürlichen Geschehen, das nur ins Reich der Natur geht, sondern einem höheren, übernatürlichen Geschehen, das über diese Welt und Ordnung hinausschweift, hinein in das Reich der Übernatur, in das göttliche Reich."[45]

Die Erinnerung an Weihnachten als Fest der Geburt Jesu Christi änderte nichts an dem Versuch zu einer Gleichsetzung mit dem Julfest. Die Krippenausstellung des Heimathauses Münsterland 1937/38 war davon noch eher indirekt betroffen. Die Sprachregelung, die die Ausstellung begleitete, änderte sich. Sie kann als Schritt zur Anpassung an den postulierten Aufbruch in eine „neue Zeit" verstanden werden. Im Übrigen kooperierte das Museum bei der Vorbereitung der Ausstellung wie selbstverständlich mit NS-Organisationen wie der NS-Kulturgemeinde oder dem Deutschen Heimatwerk als einer Gesellschaft des Reichsnährstandes zur Förderung von Volkskunst und bäuerlicher Handwerkskultur.[46] Auch wenn hier ein Urteil nur mit Vorsicht abgegeben werden kann, spricht der Handlungsrahmen, in dem sich das Museum bewegte, dafür, dass Inhalte, die nationalsozialistischen Zielvorstellungen offen widersprachen, in der Krippenausstellung nicht gezeigt wurden.

Das auffallend Neue an der Ausstellung war, dass sie sich als Weihnachtsschau thematisch dem Schwerpunkt alten und neuen Spielzeugs in der Volkskunst zuwandte. Die Ausstellung sollte erstmals in Westfalen die „überragende Bedeutung" heimatgebundenen Spielzeugs für die Volkskunst deutlich machen. Zu diesem Zweck wurden in insgesamt sieben Räumen des Museums unterschiedliche Spielzeuge aus unterschiedlichen Regionen Deutschlands gezeigt: Aus dem Erzgebirge, aus Thüringen, dem Riesengebirge, dem Böhmer Wald und der „Bayerischen Ostmark", natürlich auch aus Westfalen und dem Münsterland. Die Einschätzung, die mit der Präsentation dieser Objekte verbunden war, spiegelte unmissverständlich deutschtümelndes Denken wider. So hieß es in einer Pressemitteilung des Museums:

> „Es dürfte wohl kein Zufall sein, dass gerade die deutschen Spielzeuge die ganze Welt eroberten. Sind sie doch als Ausdruck deutscher Wesensart mit tiefstem Verständnis für die Kinderseele geschaffen. Sie wurden in bestem Sinne des Wortes Werber und Künder urwüchsiger deutscher Volkskunst."[47]

Gezeigt wurde in der Weihnachtsausstellung auch eine kleine Sammlung selbst gefertigten ländlichen Spielzeugs aus Kinderhand. Sie stammte aus dem „Musterdorf

---

45 Dausend, Hugo: Weihnachten im deutschen Raum, in: Die Weihnachtskrippe, 13. Jb., Regensburg 1937, S. 13 f.

46 Vgl. dazu die umfangreiche Korrespondenz des Museums im Archiv des Museums Relígio Dep. 482

47 o. V.: Altes und neues Spielzeug in der Volkskunst, Pressemitteilung des Heimathauses Münsterland vom Dezember 1937, Archiv des Museums Relígio Dep. 482

Abb. 16: Weihnachtsausstellung, 1938/39

Ostbevern“ und umfasste Spielzeug passend zu allen vier Jahreszeiten, also Frühling, Sommer, Herbst und Winter. Dabei wurde die Natur als Lehrmeisterin und Lieferantin des Materials für das Spielzeug besonders betont.[48] Das erinnert an die Vorstellung von der Natur als entscheidender Kraftquelle menschlichen Seins. Von einer besonderen Hinwendung zum Weihnachtsfest und der Geburt Christi war jedenfalls nicht die Rede. Kompensiert wurde dies allerdings dadurch, dass die Ausstellung wie in den vorangegangenen Jahren auch eine Sammlung unterschiedlicher historischer und zeitgenössischer Weihnachtskrippen zeigte. Hinzu kam als Abrundung erneut eine Präsentation zum Weihnachtsbrauch des Backens.

Der Versuch, Altes und Neues in der Volkskunde mit der Heimatpflege als einer volkserzieherischen Aufgabe zu verbinden und dabei die christliche Grundlage des Museums nicht zu verleugnen, wurde mit der Krippenausstellung 1938/39 fortgeführt. Sie wurde nun allerdings stärker in einen direkten Bezug zum Julfest, dem Fest zur Wintersonnenwende, gesetzt. Sonnenrad, Schnecke und Sonnentiere als Sinnbilder des Lebensbaums und der Lebenskraft wurden herausgestellt.[49] Erstmals zeigte das Museum auch eine mittelalterliche aus Holzstäben und Äpfeln kunstvoll gefertigte, mit Buchsbaum und Nüssen geschmückte Weihnachtspyramide. Sie stand mit ihren Lichtern als

48 Vgl. ebd.
49 Vgl. o. V.: Weihnachtsbräuche im Münsterland – eine volkskundliche Weihnachtsschau, Pressenotiz des Heimathauses Münsterland vom 01.12.1938, Archiv des Museums Relígio Dep. 485

Abb. 17: Texttafel in der Weihnachtsausstellung, 1938/39

Symbol für die angebliche Übernahme des Widerscheins brennender Julfeuer in die christliche Zeit.[50] Gleichzeitig hielt das Museum an der Tradition einer „klassischen" Krippenschau fest und präsentierte alte und neue Krippen aus Westfalen. Die älteste dieser Krippen war eine Wachsfigurenkrippe aus dem Schloss Harkotten in Sassenberg.

Engelmeier hoffte seinerzeit, die wertvollen Figuren zumindest als Dauerleihgabe für das Museum zu erhalten. [51] Neben den westfälischen Krippen wurden auch wieder Krippen aus dem Erzgebirge gezeigt. Auf diese Weise sollte dem Besucher die Vielfalt landschaftlichen Krippenschaffens verdeutlicht werden. Zugleich handelte es sich um eine Demonstration des Erfolges neuer Volkskunst in Westfalen. Dem Gedanken, Weihnachten als ein Fest der „schenkenden Liebe" zu feiern, suchte das Museum in

50 Vgl. a) Münsterischer Anzeiger. Amtliches Organ des Gaues Westfalen-Nord der NSDAP vom 25.12.1938, Archiv des Museums Relígio Dep. 485, b) Münsterische Zeitung vom 22.12.1938, Archiv des Museums Relígio Dep. 485

51 Vgl. Schreiben von Paul Engelmeier an Hermine Berghaus vom 27.12.1938, Archiv des Museums Relígio Dep. 485

Anlehnung an seine vorjährige Ausstellung Rechnung zu tragen, indem es neben Weihnachtsgeschenken für Erwachsene auch Kinderspielzeug aus unterschiedlichen Teilen Deutschlands zum Kauf anbot.[52]

Vermutlich bedingt durch den Ausbruch des „Zweiten Weltkriegs" kam in der Advents- und Weihnachtszeit 1939/40 keine Krippenausstellung zustande. Stattdessen zeigte das Heimathaus Münsterland in den ersten Monaten des Jahres 1940 unter der Bezeichnung „Heimatliche Volkskunst" eine Sonderschau niederdeutscher Holz- und Linolschnitte des Grafikers und Malers Georg Sluyterman von Langeweyde. Der Künstler war dem Nationalsozialismus eng verbunden. Die Ausstellung kann als Zeichen für die zunehmende Einbindung des Museums in das System des „Dritten Reiches" beurteilt werden. Deutlich kam dies in einer Pressenotiz des Heimathauses zum Ausdruck. So wurde der Künstler nicht nur wegen seines „blutsmäßigen Wesens", sondern auch wegen der „beglückenden Reinheit und Sauberkeit der Gesinnung" in seinen Werken hochgelobt. In seinen großzügigen Schwarz-Weiß-Zeichnungen „paare sich das Heroische mit dem Monumentalen in einer äußerst glücklichen, echt deutschen Form", die sogar bis an das Werk des Altmeisters Albrecht Dürer heranreiche. Zugleich spiegele seine Arbeit die „soldatische kämpferische Haltung des deutschen Menschen" wider.[53] Das Heimathaus reihte sich hier sichtbar in die laufenden Kriegsanstrengungen ein.

Zur Advents- und Weihnachtszeit 1940/41 präsentierte das Museum eine Ausstellung über sogenannte auslandsdeutsche – speziell Siebenbürger – Volkskunst. Zusätzlich wurde eine Sonderschau über „Gebäcke der Heimat" gezeigt.[54] Vorbereitet und durchgeführt wurde die Ausstellung in Zusammenarbeit u. a. mit dem Volksbund für das Deutschtum im Ausland und der Gaustelle Westfalen-Nord des Deutschen Frauenwerks – Abteilung Grenz- und Ausland.[55] Dabei ging es – soweit ersichtlich – vorrangig um die Beschaffung von volkskundlichen Erzeugnissen, darunter auch Krippen und Krippenfiguren – sowohl für die Ausstellung als auch für den Verkauf. Ob und inwieweit hier eine Instrumentalisierung des Museums im Interesse nationalsozialistischer Volkstumspolitik stattfand, lässt sich nur schwer beurteilen. Eine Vereinbarkeit mit nationalsozialistischen Zielvorstellungen war aber gegeben.

Nicht Zustimmung, aber auch keine Opposition zum bestehenden System drückte auch ein Aufsatz von Paul Engelmeier aus, den er Ende 1940 unter dem Titel „Weihnachts- und Neujahrsbräuche unserer westfälischen Heimat. Eine volkskundliche

52 Vgl. o. V.: Weihnachtsbräuche im Münsterland – eine volkskundliche Weihnachtsschau, a.a.O.

53 Vgl. Georg Sluyterman von Langeweyde. Eine Sonderschau niederdeutscher Holzschnitte und Linolschnitte, Pressenotiz des Heimathauses Münsterland o.D., Archiv des Museums Relígio Dep. 488

54 Vgl. Schreiben von Paul Engelmeier an den Reichsbund für Deutsche Vorgeschichte vom 23.11.1940, Archiv des Museums Relígio Dep. 491

55 Vgl. a) Schreiben des Volksbundes für das Deutschtum im Ausland an Paul Engelmeier vom 04.12.1940, Archiv des Museums Relígio Dep. 491, b) Schreiben von Paul Engelmeier an die Gaufrauenschaftsleitung – Abteilung Grenz- und Ausland – vom 19.10.1940, in: Archiv des Museums Relígio Dep. 491

Einladung

Zum Besuch der in Gemeinschaftsarbeit mit dem Deutschen Frauenwerk, Gaustelle Westfalen-Nord und dem VDA.-Berlin im Heimathaus Münsterland-Telgte aufgebauten Weihnachts-Ausstellung

Auslandsdeutsche Volkskunst

vom 8. Dezember 1940 bis 12. Januar 1941

lade ich hiermit herzlich ein. — Zur Förderung der auslandsdeutschen Handwerkergruppen sollen die Ausstellungsstücke im Auftrage des VDA. verkauft werden.

Im Rahmen der Ausstellung werden außerdem aus dem heimatlichen Brauchtum zur Schau gestellt:

Münsterländer Weihnachtsgebäck und weihnachtliche Sinnbilder.

Heil Hitler!

Der Museumsleiter: Dr. Engelmeier.

Telgte, im Dezember 1940.

Die Ausstellung ist täglich (auch Sonntags) geöffnet von 9—12,30 Uhr und von 15—18,30 Uhr.
Eisenbahn-Verbindung nachm. ab Münster 15,00 Uhr. Rückfahrt ab Telgte 18,38 Uhr.

Abb. 18: Auslandsdeutsche Volkskunst als Thema der Weihnachtsausstellung, 1940/41

Plauderei über germanischen Baumkult, Weihnachtskrippen und Festgebäck“[56] veröffentlichte. Ausführlich setzte er sich in dem Aufsatz mit dem Baum als Lebewesen, als Sinnbild des menschlichen Lebens auseinander und verwies auf damit zusammenhängende Symbole der Fruchtbarkeit in der germanischen Mythologie. In den bildhaften Darstellungen heimatlichen Weihnachts- und Neujahrsgebäcks sah er Elemente einer unbewussten Erinnerung an die germanische Glaubenswelt. So wisse der Bäcker auch vielfach heute noch nicht, warum er ausgerechnet in der Weihnachtszeit Tiere und Reiter aller Art backe. Gleichzeitig verwies er einmal mehr auf die christliche Tradition der Aufstellung von Krippen zur Weihnachtszeit. Was sich hier bemerkbar mache, sei der Einfluss des südlichen christlichen Kulturkreises auf das Rheinland und Westfalen. Mit Befriedigung konstatierte er, dass es gelungen sei, diese verschütteten Quellen des „westfälischen Volkstums“ wieder aufzudecken. Hier empfinden wir – so seine Aussage – „… mit stiller Freude das Aufblühen einer neuen beglückenden Volkskunst aus dem Reichtum der deutschen Seele.“[57]

56 Vgl. Engelmeier, Paul: Weihnachts- und Neujahrsbräuche unserer westfälischen Heimat. Eine volkskundliche Plauderei über germanischen Baumkult, Weihnachtskrippen und Festgebäck, in: Westfälischer Kurier vom 24.12.1940, Archiv des Museums Relígio Dep. 509

57 Ebd.

Als Ausdruck christlichen Glaubens und christlicher Überzeugungen waren und blieben die Krippendarstellungen gleichwohl ein Dorn im Auge des Nationalsozialismus. Die Spannungen, die sich daraus für das Heimathaus ergaben, lassen sich nicht in allen Einzelheiten nachvollziehen. Trotz der zunehmenden Mutation der Krippenausstellungen zu Weihnachtsausstellungen dürfte es diese Konflikte aber gegeben haben. Mit der Ausstellung zur Advents- und Weihnachtszeit 1942/43 eskalierten sie.

Die Ausstellung fand unter der Bezeichnung „Deutsche Weihnacht" statt. Der Name war Programm. Gemeint war damit, die NS-Ideologie auf deutsche Weihnachtsbräuche zu übertragen. Zugleich ging es um die Vereinnahmung des Weihnachtsfestes für kriegsbedingte Zwecke. In der Einladung zur Ausstellung wurde folgerichtig auch auf Symbole der germanischen Mythologie zurückgegriffen. Weihnachten wurde zu einem Fest des Lichts erklärt, zugleich an die „uralten Sinnbilder des Lichts und des Lebensbaums" erinnert.[58] Die Inanspruchnahme des Museums für kriegsbedingte Zwecke erfolgte durch Einbeziehung einer Sonderschau „Kinderspielzeug selbst gemacht" in die Weihnachtsausstellung.

Mit der Sonderschau stellte sich das Museum ganz in den Dienst der westfälischen Hitlerjugend. Diese veranstaltete Ende 1942 zahlreiche Weihnachtsmärkte. Ziel war der Verkauf von mehr als 250.000 selbstgebastelten Spielzeugen.[59] Das Heimathaus beteiligte sich an dem Vorhaben mit Erzeugnissen, die u. a. der Jungmädelbund und der Bund Deutscher Mädel, also die weiblichen Gliederungen der Hitlerjugend, gefertigt hatten. Die Vermarktung der Spielzeuge erfolgte nach einem Punktesystem. In erster Linie waren die Spielzeuge für Kinder gefallener Soldaten und anderer Kriegsopfer gedacht, sodann für Kinder im Krieg stehender Soldaten und berufstätiger Mütter, erst dann für alle übrigen Kinder.[60]

Die Weihnachtsausstellung selbst war ein Beispiel dafür, dass mit zunehmender Dauer der nationalsozialistischen Herrschaft ein schrittweises Zurückdrängen der Krippenkultur und des Krippenbrauches als einem zentralen Element religiöser Volkskunst beabsichtigt war. Offenbar hat Paul Engelmeier versucht, dies zu verhindern, indem er den begrenzten Spielraum, der ihm aus der Stellung des Museums zwischen Kirche und Staat erwuchs, zu nutzen suchte. Neben Anpassung war bei ihm immer wieder eine deutliche Resilienz erkennbar, wenn es um religiöse Fragen ging. Mit dem Versuch einer Gratwanderung zwischen „Christenkreuz" und „Hakenkreuz" stieß er allerdings auf Ablehnung und Widerstand bei den Nationalsozialisten.[61] Anfang Januar 1943 besuchten der NSDAP-Kreisleiter für Münster-Warendorf Ernst Mierig mit Gaukulturamtsleiter Ernst Uranowski und Landrat Friedrich Böckendorf das Museum. Nach der Besichtigung der Weihnachtsausstellung fand an Ort und Stelle eine längere Besprechung mit Engelmeier statt. In deren Verlauf sollen grundlegende Richtlinien für die

58 Einladung zum Besuch der Weihnachtsausstellung vom 01.12.1942, Archiv des Museums Relígio Dep. 497
59 Vgl. Westfälische Tageszeitung vom 17.12.1942, Archiv des Museums Relígio Dep. 497
60 Vgl. Westfälische Tageszeitung vom 25.12.1942, Archiv des Museums Relígio Dep. 497
61 Vgl. Aktenvermerk von Paul Engelmeier aus dem Jahr 1948, a.a.O., S. 2

kommenden Ausstellungen festgelegt worden sein.[62] Welcher Art diese Richtlinien waren, ist unbekannt. Der Vorgang lässt allerdings auf einen Dissens schließen. Offenbar gelang es nicht, ihn zu bereinigen. Jedenfalls erhielt Engelmeier wenige Wochen später einen Brief der NSDAP-Kreisleitung, in dem es kurz und bündig hieß:

> „Im Auftrag des Kreisleiters teile ich Ihnen mit, dass die nächste Ausstellung im Heimathaus Telgte nicht eher eröffnet werden soll, bevor nicht mit dem Kreisleiter in der Angelegenheit Fühlung genommen wurde."[63]

Eine größere Misstrauensbekundung war kaum denkbar. Ob und inwieweit sich das Diktat des Kreisleiters auf künftige Krippen- bzw. Weihnachtsausstellungen ausgewirkt hätte, lässt sich nicht beantworten, da das Heimathaus Münsterland am 1. August 1943 geschlossen wurde. Der Grund waren nicht Auseinandersetzungen über Sinn und Zweck der Pflege von Heimat- und Volkskunst, insbesondere der Krippenkultur und des Krippenbrauchs, sondern die Verlagerung des Sitzes des Landkreises Münster von der benachbarten Provinzialhauptstadt Münster in das Heimathaus Telgte. Der Schwebezustand, in dem sich die seit 1934 durchgeführten Krippenausstellungen des Museums befanden, blieb somit bestehen. Er wurde bis zum Ende der nationalsozialistischen Herrschaft auch nicht aufgelöst.

---

62 Vgl. Westfälische Tageszeitung vom 03.01.1943, Archiv des Museums Relígio Dep. 497

63 Schreiben der NSDAP-Kreisleitung Münster-Stadt an Paul Engelmeier vom 28.01.1943, Archiv des Museums Relígio Dep. 497

Krippenkultur und Krippenbrauch als Normalität

Abb. 19: Heimathaus Münsterland mit Gnadenkapelle und Propsteikirche St. Clemens, 1950er Jahre

Das Heimathaus Münsterland blieb nach dem Ende des „Dritten Reiches" zunächst geschlossen. Erst am 23. Dezember 1947 wurde es offiziell wiedereröffnet. Bereits um die Jahreswende 1946/47 hatte in einigen freigezogenen Räumen des Museums aber wieder eine kleine Krippenschau stattgefunden. Sie war von Hermine Berghaus, die bis Oktober 1949 vorübergehend die Museumsleitung von Paul Engelmeier übernommen hatte, und dem Heimatverein Telgte vorbereitet worden.[64] Die Wiedereröffnung erfolgte mit einer bescheidenen Krippenausstellung aus den Beständen des Museums, da es

64 Vgl. a) Niederschrift der Kuratoriumssitzung des Heimathauses Münsterland vom 25.11.1947 – Auszug, Archiv des Museums Relígio Dep. 137, b) Geschäftsbericht des Heimatvereins Telgte für die Jahre 1944/46 vom 11.02.1947, S. 3, Archiv des Museums Relígio Dep. 282

nicht möglich war, kurzfristig Krippen als Leihgaben von außerhalb – sei es von kirchlichen Stellen, sei es von Privatleuten – zu erhalten. Im Übrigen stand auch keine größere Ausstellungsfläche zur Verfügung, waren die Räumlichkeiten des Museums durch Fremdnutzung doch stark verwahrlost. Genutzt werden konnten für die Krippenschau nur die drei sogenannten Handwerkskojen im Dominikus-Böhm-Erweiterungsbau des Museums.[65]

Der Rückgriff auf Krippenkultur und Krippenbrauch signalisierte gleichermaßen Kontinuität wie Diskontinuität. An der Pflege „guten" zeitgenössischen Krippenschaffens wurde als Zielvorstellung festgehalten.[66] Das traf auch für die bisweilen stark romantisierende Sichtweise bäuerlich-ländlichen Lebens zu.[67] Die Anklänge an altgermanische Sitten und Bräuche wurden aber nach und nach aufgegeben.[68] Eine Auseinandersetzung mit den Wegen und Irrwegen der Heimatbewegung, der Rolle der Volkskunde im „Dritten Reich" oder gar dem Nationalsozialismus fand nicht statt. Der Neustart des Museums vollzog sich als Rückwendung zu den Anfängen als Wallfahrts- und Heimatmuseum. Hatten dem Kuratorium des Hauses bei seiner Gründung zwei Vertreter der katholischen Kirche angehört, so wurde dieser Zustand nun wiederhergestellt. Gleichzeitig ging der Gebäudekomplex des Museums in das Eigentum der Kirche über. Die Förderung der Haus-, Familien- und Wohnkultur auf christlicher Grundlage wurde nun zum unbestrittenen Markenkern des Heimathauses Münsterland.

Die Krippenausstellungen zur Advents- und Weihnachtszeit entwickelten sich zu einer Konstanten in der Arbeit des Museums. Sie fügten sich nahtlos in das Bild einer Renaissance des kirchlich-institutionell verfassten Katholizismus nach dem Zweiten Weltkrieg ein.[69] Das Museum hatte dabei das Glück, auf seine über die Kriegs- und Nachkriegsjahre geretteten Exponate zurückgreifen zu können. Es besaß nach eigenem Bekunden bereits Anfang der 1950er Jahre die größte Sammlung historischer Weihnachtskrippen in Westfalen. Diese reiche Fundgrube religiöser Volkskunstforschung suchte das Museum für sein Hauptanliegen zu nutzen: Die Verbreitung zeitgenössischer Krippen und damit – wie schon in der Zeit vor dem Zweiten Weltkrieg – die Wiederbelebung der heimatlichen Krippenkunst. Als Ziel des selbst gewählten Bildungs- und Erziehungsauftrags wurde nicht zuletzt die Aufstellung einer guten Weihnachtskrippe in jedem Haushalt propagiert.[70]

65 Vgl. Ostendorf, Thomas: Ein Tipp für die Suche nach dem Licht der Welt: krippen@t-online.telgte, in: Katalog zur 57. Krippenausstellung des Heimathauses Münsterland 1997/98, S. 11

66 Vgl. Engelmeier, Paul: Krippenausstellungen im Heimathaus Münsterland Telgte, in: Die Weihnachtskrippe, 20. Jb., Werl 1953, S. 20

67 Vgl. a) Freie Presse Gütersloh vom 31.12.1950, Archiv des Museums Relígio Dep. 509

68 Vgl. Schreiben von Paul Engelmeier an die Bäckerei Michel in Bruchmühlen bei Melle vom 26.11.1949, Archiv des Museums Relígio Dep. 505

69 Vgl. Robert, Rüdiger: Telgte im 20. Jahrhundert. Sozialdemokratie, Parteiensystem und gesellschaftlicher Wandel, Warendorf 1997, S. 134 ff.

70 Vgl. Engelmeier, Paul: Krippenausstellungen im Heimathaus Münsterland Telgte, a.a.O., S. 20

Abb. 20 u. 21: Einladungen zu den Krippenausstellungen 1952/53 und 1961/62

Die Bemühungen um eine intensive Pflege der Krippenkultur und des Krippenbrauches machten das Heimathaus nicht zu einem Krippenmuseum. Das war auch nicht beabsichtigt. Die Besucherzahlen bestätigen das. Sie nahmen nach 1947 rasch wieder zu. Sehr bald bewegten sie sich erneut in einer Größenordnung von 20.000 bis 25.000 Personen pro Jahr. Der Zulauf zu den Krippenausstellungen war zunächst jedoch eher gering. 1948/49 verzeichnete die Weihnachtsschau gerade einmal 929 Besucherinnen und Besucher. 1957/58 war der Publikumsandrang mit 2.642 Personen und 1962/63 mit 5.082 Personen ebenfalls begrenzt. Erst Ende der 1960er Jahre näherte sich die Besucherzahl der Größenordnung von 10.000. Deutlich überschritten wurde sie mit der Krippenausstellung 1970/71 – kurz vor dem Ausscheiden von Paul Engelmeier aus seinem Amt als Museumsleiter. Mit 13.522 Besucherinnen und Besuchern wurde seinerzeit ein neuer Rekord erzielt.

Das Besucherinteresse an Ausstellungen jenseits der Krippenschauen war häufig größer als das Interesse an Krippenkultur und Krippenwesen. Das betraf sowohl Ausstellungen, die sich mit anderweitigen religiösen Themen befassten, als auch Ausstellungen zur ländlichen Handwerks- und Wohnkultur. Beispiele, die dem religiös-kirchlichen Bereich zuzuordnen sind, waren die Ausstellung „Christoph Bernhard von Galen und Kardinal von Galen – Die Förderer der Telgter Wallfahrt“ 1951 und die Ausstellung „Marienleben“ 1952. Beide Ausstellungen zählten jeweils zwischen 13.000 und 16.000 Besucherinnen und Besucher. Beispiele aus dem Bereich der Handwerks- und

Besucherinnen und Besucher des Heimathauses Münsterland 1947/48 bis 1970/71

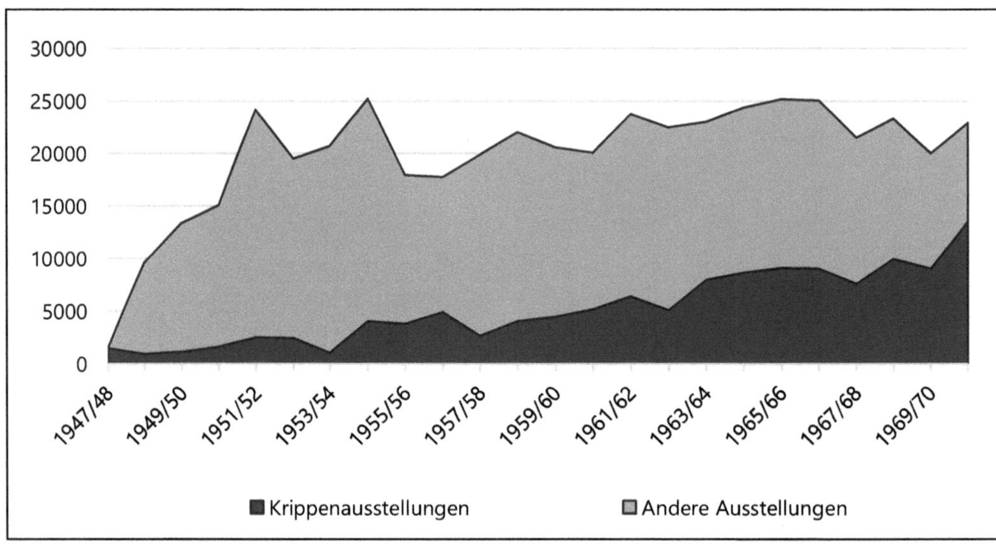

Erläuterung: Zuordnung des Monats Januar jeweils zum Vorjahr – Statistische Angaben des Museums Relígio

Wohnkultur waren die Ausstellung „Handwerkliche Kostbarkeiten“ 1957 und die Schau „Neues Wohnen im Christlichen Heim“ 1958. Beide Ausstellungen lockten zusammen fast 30.000 Besucherinnen und Besucher in das Museum.

Ein etwas anderes Bild ergibt sich, wenn die Museumsbesucher, die in das Heimathaus Münsterland kamen, um eine der Krippenausstellungen zu besuchen, in Relation zur Gesamtzahl der Besucher gesetzt werden. Dann zeigt sich, dass dieser Anteil in den Jahren 1948/49 bis 1951/52 lediglich bei 11,5 Prozent lag, sich in den Jahren 1967/68 bis 1970/71 aber auf über 45 Prozent erhöhte. Mit anderen Worten: Das Gewicht der Krippenausstellungen nahm gemessen an der Gesamtzahl der Besucherinnen und Besucher des Museums im Lauf der Jahre merklich zu. Für den gesamten Zeitraum zwischen der Wiedereröffnung des Heimathauses und dem Ausscheiden von Engelmeier aus seinem Amt lag der Anteil der Krippenausstellungsbesucher jedoch erst bei 25 bis 26 Prozent.

Die Aussagekraft der Besucherzahlen darf allerdings nicht überschätzt werden. Ein Kriterium für die Bedeutung, die der Pflege der Krippenkultur und des Krippenbrauches zugemessen wurde, war eher die Zahl der Krippenausstellungen selbst. Sie war mit 23 von 38 Ausstellungen, die das Museum zwischen 1945/46 und 1970/71 zur religiösen Volkskunst zeigte, außerordentlich hoch. Nicht zuletzt durch die Stetigkeit, mit der das Heimathaus diese Ausstellungen durchführte, verschaffte es sich einen weit über das Münsterland hinausreichenden Ruf. Damit lag es ganz auf der Linie der seit den 1920er Jahren von der katholischen Kirche betriebenen Erneuerung des Krippenwesens. Das

Abb. 22: Münsterländer Krippe von Heinrich Budde aus Greffen, 1935

Museum konnte sich in diesem Punkt uneingeschränkt auf die Unterstützung durch die Kirche verlassen. In der Folge gelang es dem Heimathaus Münsterland, sich auf nationaler wie internationaler Ebene zunehmend mit der Krippenbewegung zu vernetzen.

Die Krippenausstellungen selbst waren vielfältig und abwechslungsreich. Es wurden nicht nur Exponate aus dem ständig wachsenden Fundus des Museums, sondern auch wertvolle historische Krippen gezeigt, die als Leihgaben in das Heimathaus kamen. 1949/50 waren es die Heiligen Drei Könige als Figurenspiel der astronomischen Uhr im südlichen Chorumgang des Doms zu Münster von 1542, die ausgestellt wurden.[71] 1952/53 gelang es, die erhalten gebliebene barocke Weihnachtskrippe aus der zerstörten Clemenskirche in Münster erstmals wieder der Öffentlichkeit zu zeigen.[72] Neben diesen und anderen historischen Krippenwerken wurden immer wieder einzelne zum Teil mühsam restaurierte Wachsfigurenkrippen ausgestellt, darunter auch Figuren der ehemaligen St. Ignatiuskirche in Münster aus der Zeit um 1780. Per Zufall in einem stark beschädigten Zustand aufgefunden, konnten sie in langwieriger Kleinarbeit restauriert und damit für die Nachwelt erhalten werden.[73]

---

71 Vgl. Einladung zur Ausstellung „Weihnachten bei uns zu Lande“ 1949/50, Archiv des Museums Relígio Dep. 155-48

72 Vgl. Einladung zur Ausstellung „Die Weihnachtskrippe“ 1952/53, Archiv des Museums Relígio Dep. 155-60

73 Vgl. Engelmeier, Paul: Krippenausstellungen im Heimathaus Münsterland Telgte, a.a.O., S. 3

Abb. 23: Umgang der Heiligen Drei Könige an der astronomischen Uhr des Doms zu Münster

Nicht alle historischen Krippen, die das Museum zeigte, waren Ausdruck „hoher Kunst". Diskutiert wurde das vor allem im Hinblick auf Krippen des 18. und 19. Jahrhunderts. Ihr Niveau galt mitunter eher als gering. Für das Heimathaus Münsterland war das allerdings kein Ausschlusskriterium von den Krippenschauen. Ähnlich wie der Landesgemeinschaft der Krippenfreunde in Rheinland und Westfalen ging es dem Museum vorrangig um die Verdeutlichung des mit dem Krippenschaffen verbundenen religiös-theologischen Aspekts und weniger um den künstlerisch-kunsthistorischen Wert einer Krippe. Primäres Kriterium der Beurteilung war die Hingabe an den Dienst der Verkündigung, mit anderen Worten der Gedanke der Volksfrömmigkeit. Unmissverständlich formulierte Engelmeier dazu seine Position:

Abb. 24: „Anbetung des Heiligen Kindes“ von Gertrud Büschert-Eilert aus Horstmar, 1955/56

> „Zur Ehrenrettung unserer westfälischen Krippen kann nicht deutlich genug darauf hingewiesen werden, dass sie auf der Grundlage religiösen Gemeinschaftslebens, aus echter Glaubenshaltung und aus tiefem westfälischem Gemüt entstanden [sind, R.R.], und dass wir sie deswegen heute als wertvolle Zeugnisse unseres Volkstums achten und bewerten müssen.“[74]

Neben historischen Krippen waren es zeitgenössische Krippen, die die Advents- und Weihnachtsausstellungen des Heimathauses Münsterland auch nach 1945 prägten. Als beispielhafte Werke wurden anfangs wiederholt bekannte Arbeiten von Heinrich Budde und Georg Schwarte gezeigt.[75] Die als Telgter Heimatkrippe bezeichnete und ursprünglich als „Sühnegeschenk“ gedachte Westfalenkrippe von 1935 wurde 1952/53 erstmals im Museum ausgestellt. Sie wurde, nachdem die ursprünglichen Irritationen über diese Krippe ausgeräumt waren, als bemerkenswertes Beispiel für einen schönen alten westfälischen Brauch gelobt, nämlich

74 Ders.: Westfälische Weihnachtskrippen, in: Weihnachtskrippen aus Polen und Westfalen, Katalog zur 29. Krippenausstellung des Heimathauses Münsterland vom 1969/70, a.a.O., S. 19

75 Vgl. a) Westdeutsches Tageblatt vom 18.12.1949, Archiv des Museum Relígio Dep. 505, b) Westfälische Nachrichten vom 15.12.1950, Archiv des Museums Relígio Dep. 509

„… das heilige Geschehen der Christgeburt mitten in die heimatliche Landschaft zu verlegen und als Hirten echte Münsterländer Gestalten zu bringen, so den Bauern im blauen Kittel, den Kiepenkerl, den Schäfer und die Bäuerin mit dem Kind in Blaudruckkleidern."[76]

Diese „Krönung der Telgter Krippenarbeit"[77] sollte nach dem Willen der Museumsleitung durchaus inspirierende Wirkung entfalten und zum eigenen Krippenschaffen anregen. Nach Auffassung Engelmeiers leistete das Heimathaus Münsterland mit seinen Krippenausstellungen dazu einen positiven Beitrag. Der Krippenbewegung in Westfalen bescheinigte er in diesem Zusammenhang eine erfreuliche Weiterentwicklung. Sie gehe zum Teil völlig neue Wege. Als Beleg für seine Behauptung verwies er darauf, dass neben Symbolkrippen und liturgischen Krippen viele eigenwillige figürliche Darstellungen von Christi Geburt entstünden. Auch die Vielfalt des verwendeten Materials – nämlich Holz, Wachs, Ton und Papiermaché – sei bemerkenswert. Nicht zuletzt hob er als positives Merkmal die Schlichtheit der geschaffenen Krippen, ihren Verzicht auf theaterhaftes Gepränge und bühnenmäßige Beleuchtungseffekte hervor.[78]

Um das gewünschte neuzeitliche Krippenschaffen anzuregen, lud das Museum jedes Jahr sowohl ausgebildete Bildhauer und Schnitzer als auch jugendliche und erwachsene Laienkünstler zur Teilnahme an der Krippenausstellung ein.[79] Besonderes Gewicht wurde dabei auf die Ansprache von Jugendlichen gelegt. Sie waren es, die vorrangig an das Thema der Christlichen Weihnacht herangeführt werden sollten. Auch wenn sie und ihre Werke in der Allgemeinheit häufig unbekannt blieben, fanden sie im Museum selbst doch große Aufmerksamkeit. Im Rahmen der Krippenausstellungen wurden die Arbeiten von Kindern und Jugendlichen immer wieder hervorgehoben. Zeitweilig erhielten sie sogar einen eigenen Ausstellungsraum.[80]

Das Telgter Heimathaus war nach dem Zweiten Weltkrieg nicht das einzige Museum in Westfalen, das großen Wert auf jugendliches Krippenschaffen legte. Das im November 1948 gegründete Heimatmuseum des benachbarten Kreises Warendorf veranstaltete zu diesem Zweck sogar eigene Krippenwettbewerbe.[81] Am 1. Adventssonntag 1952 eröffnete es mit einer Krippenschau bereits seinen fünften derartigen Wettbewerb.[82] Aus der Sicht Engelmeiers gab Warendorf damit ein schönes Beispiel dafür, in welcher Weise sich die Laienkunst durch ein Museum stützen und landschaftlich

76 Engelmeier, Paul: Krippenausstellungen im Heimathaus Münsterland Telgte, a.a.O., S. 22
77 Ders.: Die Weihnachtskrippe in der Münsterländer Volkskunst, a.a.O., S. 28
78 Vgl. ders.: Westfälische Weihnachtskrippen, a.a.O., S. 21
79 Vgl. z.B. Einladung zur Teilnahme an der Telgter Krippenausstellung vom 21.09.1958, Archiv des Museums Relígio Dep. 532
80 Vgl. a) Einladung zur Ausstellung „Volkstümliche Weihnachtskrippen" 1959/60, Archiv des Museums Relígio Dep. 155-84, b) Einladung zur Ausstellung „Weihnachtskrippen im Dienst der Verkündigung" 1965/66, Archiv des Museums Relígio Dep. 156-103
81 Vgl. Goeken, Josef, a.a.O., S. 38 f.
82 Vgl. ders.: Die Warendorfer Krippenschau, in: Die Weihnachtskrippe, 20. Jb., Werl 1953, S. 43

Abb. 25: Knubbenkrippe mit geschnitzten Szenen der Herbergssuche, der Geburt Christi und der Flucht nach Ägypten von Josef Grasedieck aus Bottrop-Kirchhellen, 1962

verankern ließ.[83] Einen konkurrenzbedingten Anlass zur Beunruhigung sah er in den Erfolgen, die das Kreisheimatmuseum Warendorf mit seinen Krippenschauen erzielte, nicht. Das galt auch für die zahlreichen anderen Institutionen und Einrichtungen, die sich in dieser Zeit mit dem weihnachtlichen Brauchtum in Westfalen auseinandersetzten. Was sich für ihn in diesen Aktivitäten widerspiegelte, war im Gegenteil eine neue Blütezeit des Krippenschaffens in Westfalen. Mit großer Freude glaubte er feststellen zu können, dass

> „... die Sehnsucht nach der Weihnachtskrippe alljährlich weiter wächst und dass man in der plastischen Darstellung des Geheimnisses der Christgeburt immer mehr den Kern des Weihnachtsfestes in der Kirche und Familie erkennt."[84]

83 Vgl. Engelmeier, Paul: Neues weihnachtliches Brauchtum in Westfalen, in: Die Weihnachtskrippe, 24. Jb., Werl 1957, S. 14

84 Ebd. S. 13

Bereichert wurden die Krippenausstellungen des Heimathauses Münsterland neben hervorragenden Laienarbeiten von Erwachsenen wie den „Knubbenkrippen“ von Josef Grasedieck (1922–2013) auch durch die Arbeiten namhafter professioneller Künstler. Sie gaben den Ausstellungen oftmals ein besonders festliches Gepränge. So fanden sich Werke von Heinrich Lückenkötter (1903–1985) aus Oelde, Heinrich Gerhard Bücker (1922–2008) aus Vellern, Ludwig Nolde (1888–1958) aus Osnabrück, Hans Dinnendahl (1901–1966) aus Telgte oder Bernhard Kleinhans (1926–2004) aus Sendenhorst neben den Arbeiten anderer Kunstschaffender nahezu regelmäßig in den Krippenausstellungen wieder. Sie dienten häufig nicht nur als Aushängeschilder für die Existenz moderner religiöser Volkskunst in Westfalen, sondern auch als Rechtfertigung für den Anspruch des Museums, eine führende Einrichtung auf dem Gebiet der Pflege der Krippenkultur und des Krippenbrauchs zu sein. Bereits mit den ersten Nachkriegsausstellungen wähnte sich das Heimathaus Münsterland hier auf dem richtigen Weg. 1951/52 stellte das Museum die Holzplastik „Herbergssuche“ von Ludwig Nolde als bedeutendstes Werk der Krippenausstellung heraus. Die Figurenkrippe – so hieß es in der Presse – hätte die Weihnachtsgeschichte nicht inniger deutlich machen können.[85] 1952/53 war es das Bild einer aus einem Holzblock geschnitzten Weihnachtskrippe des Bildhauers Heinrich Gerhard Bücker, das den Ausstellungsprospekt des Museums zierte. Auch diese Arbeit wurde als ein besonders gelungenes Beispiel für gutes neuzeitliches Krippenschaffen bezeichnet.[86] 1966/67 war es ein Bronzeguss von Hans Dinnendahl, mit dem das Museum für sich und die Krippenausstellung warb.[87] Das Heimathaus Münsterland setzte kontinuierlich auf die Präsentation professionell geschaffener Künstlerkrippen. Das geschah wohl auch in der Hoffnung auf eine positive Wechselwirkung mit dem Krippenschaffen von Laien.

Eine deutlich aus dem Rahmen des Üblichen fallende Krippe war das Werk des Berliner Holzbildhauers und Malers Rudolf Heltzel. Das Museum präsentierte die Darstellung „Maria Regina Martyrum“ in der Weihnachtsausstellung 1968/69. Sie zeigte an Stelle der Hirten drei bekannte Widerstandskämpfer aus dem „Dritten Reich“ und an Stelle der Heiligen Drei Könige Papst Paul VI., Patriarch Athenagoras von Konstantinopel und Bischof Dibelius.[88] Kritisch mit der Gegenwart setzte sich auch der Bildhauer Hans Sommer aus Warstein auseinander. Mit seinem Werk „Die gespaltene Welt“ machte er unmissverständlich auf Sorgen und Nöte seiner Zeit aufmerksam. Das in der Dauerausstellung des Relígio zu besichtigende Exponat galt als vorbildlich für das Bemühen um eine neue Sinngebung von Krippen. Zeitgenössisches und zeitkritisches

---

85 Vgl. Westfälische Rundschau vom 15.12.1951, Archiv des Museums Relígio Dep. 513

86 Vgl. a) Einladung zur Ausstellung „Die Weihnachtskrippe“ 1952/53, Archiv des Museums Relígio Dep. 155-64, b) Münstersche Zeitung vom 16.12.1953, Archiv des Museums Relígio Dep. 521

87 Vgl. Einladung zur Ausstellung „Weihnachtskrippen im Dienst der Verkündigung“ 1966/67, Archiv des Museums Relígio Dep. 156-106

88 Vgl. Einladung zur Ausstellung „Weihnachtskrippen im Dienst der Verkündigung“ 1968/69, Archiv des Museums Relígio Dep. 156-112

Abb. 26: „Herbergssuche“ von Ludwig Nolde aus Osnabrück, 1951

Abb. 27: „Die gespaltene Welt“ von Hans Sommer aus Warstein, 1970

Abb. 28: Krakauer „Szopka“

Krippenschaffen flossen hier ineinander. Das war Ende der 1960er/Anfang der 1970er Jahre aber noch eher eine Ausnahme als Normalität.

Obwohl das Museum seinen Schwerpunkt auf die Krippenkultur und das Krippenschaffen in Westfalen legte, öffnete es sich in den 1950er und 1960er Jahren auch behutsam für das Krippenschaffen in anderen Regionen und Ländern der Welt. Ziel war es, Gemeinsamkeiten und Unterschiede in der Krippenkunst herauszuarbeiten. Den Anfang für eine vergleichende Betrachtungsweise machte die Krippenschau 1951/52. Erstmals wurden Krippen aus Bayern zur Schau gestellt. Zu sehen waren neben Meisterwerken professioneller Schnitzer aus Oberammergau Schülerarbeiten aus der dortigen Staatlichen Berufsfachschule für Holzschnitzerei.[89] 1956/57 zeigte das Museum

89 Vgl. Einladung zur Ausstellung „Die Weihnachtskrippe“ 1951/52, Archiv des Museums Relígio Dep. 155-56

Abb. 29: Bilderbogen „Weihnachtsmann" zum Ausschneiden, Druck und Verlag v. C. Burckhardt's Nachf. in Weissenburg (Elsass), 1890–1910

eine Krippenschau mit Arbeiten aus dem Rheinland und Westfalen.[90] 1966/67 waren es ost- und süddeutsche Krippen, die ergänzend zu Arbeiten aus Westfalen ausgestellt wurden. Eine Besonderheit war im folgenden Jahr die Ausstellung einer historischen Krippe aus Schönhengstau im Sudetenland.[91] Weihnachtskrippen aus dem Erzgebirge und erneut aus dem Sudetenland bereicherten die Krippenschau zur Jahreswende 1970/71.[92]

Als Beispiele für gutes Krippenschaffen im Ausland präsentierte das Heimathaus Werke aus Frankreich, Spanien und der Tschechoslowakei. Einen Blick über die deutschen Grenzen hinaus öffnete 1969/70 insbesondere die Ausstellung „Weihnachtskrippen aus Polen und Westfalen". Erstmals nach 1945 zeigte das historische Museum

90 Vgl. Einladung zur Ausstellung „Weihnachtskrippen aus Rheinland und Westfalen" 1956/57, Archiv des Museums Relígio Dep. 155-75

91 Vgl. Einladung zur Ausstellung „Weihnachtskrippen im Dienst der Verkündigung" 1967/68, Archiv des Museums Relígio Dep. 156-109

92 Vgl. Einladung zur Ausstellung „Weihnachtskrippen aus dem Erzgebirge, Sudetenland und Westfalen" 1970/71, Archiv des Museums Relígio Dep. 156-118

Krakau in Westdeutschland eine größere Zahl von „Zsopkas“ und anderen heimischen Krippendarstellungen.[93] Sie gaben einen viel beachteten Überblick über das polnische Weihnachtsbrauchtum.

Zur Beliebtheit des Heimathauses Münsterland trug bei, dass die Krippenausstellungen mit der Gelegenheit zum An- und Verkauf von Haus- und Kirchenkrippen verbunden waren.[94] Für die Krippenschaffenden erhöhte das den Anreiz, sich an den Krippenschauen zu beteiligen. Für das Museum war es eine zusätzliche Möglichkeit, Krippenkultur und Krippenbrauch zu fördern und insbesondere dem Ziel näher zu kommen, in jeder Familie nach Möglichkeit eine Krippe aufgestellt zu sehen. Ein weiterer positiver Effekt war, dass das Museum für seine Vermittlertätigkeit eine Provision erhielt. Der geschäftliche Aspekt war und blieb jedoch sekundär. Das schloss ein über Krippendarstellungen hinaus gehendes Angebot an käuflich erwerbbarem Advents- und Weihnachtsschmuck nicht aus. Es reichte von Adventskalendern, Keramiken, Wandbehängen, Weihnachtskarten und Christbaumschmuck bis hin zu Krippenbüchern. Um Besucherinnen und Besucher der Krippenausstellungen die Möglichkeit zu geben, Krippen eigenhändig zu gestalten, entwickelte das Museum zudem Hauskrippenfiguren zum Selbstbekleiden und bot sie zum Verkauf an. Köpfe und Gliedmaßen bestanden aus Porzellan oder Holz, waren auf Drahtgestellen befestigt und mit Watte fest umwickelt. Auf diese Weise konnten Familien die Figuren selbst bekleiden und sich eine ganz persönliche Hauskrippe schaffen.[95]

Vorbereitung, Durchführung und Nachbearbeitung der Krippenausstellungen waren mit einem erheblichen personellen, zeitlichen und finanziellen Aufwand verbunden. So mussten die einzelnen Exponate nicht nur eingeworben, sondern auch katalogisiert, wertmäßig erfasst und versichert werden. Die Dokumentation der Ausstellungen erfolgte lange Zeit mit äußerst bescheidenen Mitteln. Lediglich der Krippenkatalog zur Ausstellung „Weihnachtskrippen aus Polen und Westfalen“ wurde aufwändiger, d.h. mit Texten und Bildern, gestaltet.[96] Trotz ressourcenmäßiger Begrenztheit setzte sich das Museum in einer Vielzahl von Publikationen mit der Krippenkultur und dem Krippenbrauch auseinander. Die wissenschaftliche Aufarbeitung des Themas lag dabei im Wesentlichen in der Hand von Paul Engelmeier. Zwischen 1950 und 1971, dem Jahr seiner Emeritierung, verfasste Engelmeier über 100 Beiträge zu volkskundlichen Fragen. Nicht weniger als 40 Veröffentlichungen befassten sich mit dem weihnachtlichen Geschehen rund um die Geburt Christi.[97] Nicht alle diese Publikationen waren wissenschaftliche

93 Vgl. Einladung zur Ausstellung „Weihnachtskrippen aus Polen und Westfalen“ 1969/70, Archiv des Museums Relígio Dep. 156-115

94 Vgl. Einladung zur Ausstellung „Weihnachtskrippen für Kirche und Haus“ 1961/62, Archiv des Museums Relígio Dep. 155-90

95 Vgl. Engelmeier, Paul: Weihnachtskrippen im Dienste der Verkündigung. Zur Bensberger- und Telgter Krippenschau Weihnachten 1965/66, in: Die Weihnachtskrippe, 33. Jb., Köln 1966, S. 86

96 Vgl. z.B. Katalog zur 29. Krippenausstellung des Museums Relígio „Weihnachtskrippen aus Polen und Westfalen“ 1969/70

97 Vgl. Krins, Franz, a.a.O., S. 20ff.

Abb. 30: Dr. Paul Engelmeier mit Mitgliedern der Landesgemeinschaft der Krippenfreunde im Heimathaus Münsterland, 1956/57

Abhandlungen. Sie belegen aber eine große Intensität in der Auseinandersetzung mit dem Krippenwesen.

Das gilt vor allem für die Veröffentlichungen über die Geschichte der Krippenkunst in Westfalen, trifft indes auch für die zahlreichen Beiträge über die Krippenausstellungen zu. Der Horizont der Beschäftigung mit dem Krippenwesen beschränkte sich dabei nicht auf Westfalen. Neben Abhandlungen über die Münsterländer Passionskrippe oder die Mindener Domkrippe standen deshalb auch Publikationen über Schwäbische Hauskrippen oder Weihnachtskrippen aus dem Erzgebirge. Publizistische Aufmerksamkeit widmete Engelmeier darüber hinaus der Entwicklung des Krippenwesens in Ländern wie der Schweiz, in Frankreich, in Österreich und in Polen. 1968 setzte er sich mit der Aufführung eines Krippenspiels in Form eines Musicals des „anerkannten Negerdichters und unermüdlichen Kämpfers gegen Rassendiskriminierung" Langston Hughes in New York auseinander.[98] Auch wenn die Diktion des Beitrags aus heutiger Sicht befremdlich erscheint, war er doch ein frühes Zeichen für die Bereitschaft, sich auch mit der Krippenkultur außerhalb Europas zu beschäftigen. Ansatzweise zeigte sich das im selben Jahr auch mit der Ausstellung des Heimathauses „Marienbilder in Missionsgebieten".[99]

98 Vgl. Engelmeier, Paul: Black Nativity, in: Die Weihnachtskrippe, 35. Jb., Köln 1968, S. 46 f.
99 Vgl. Einladung zur Ausstellung „Marienbilder in Missionsgebieten" 1969, Archiv des Museums Relígio Dep. 156-114

Zunehmende Bedeutung gewann nach 1945 die Zusammenarbeit des Museums mit der Landesgemeinschaft der Krippenfreunde in Rheinland und Westfalen. Letztere stand nach der Repression durch den Nationalsozialismus in der Nachkriegszeit vor einem schwierigen Neuanfang. Auf der ersten Mitgliederversammlung im November 1945 gelang es aber, die Voraussetzungen für ein allmähliches Wiedererstarken zu schaffen.[100] Frühzeitig trat das Heimathaus Münsterland wieder in Kontakt zu der Landesgemeinschaft. Als Anfang 1955 der langjährige Vorsitzende Friedrich Drücker aus Altersgründen nicht mehr für eine Kandidatur zur Verfügung stand, erklärte sich Engelmeier zur Übernahme des Amtes bereit. Nach seiner Wahl wurde die Geschäftsstelle, die sich bislang in Bad Godesberg befunden hatte, nach Telgte verlagert.[101] Engelmeier blieb bis 1961 Vorsitzender der Landesgemeinschaft. Auch danach blieb das Museum eng mit der Vereinigung der Krippenfreunde verbunden.

Die Zusammenarbeit von Heimathaus und Landesgemeinschaft erwies sich für beide Seiten als vorteilhaft. Die Landesgemeinschaft, in der neben Künstlern auch Theologen, Publizisten, Wissenschaftler und Pädagogen vertreten waren, erhielt durch die Kooperation eine feste Anlaufstelle. Umgekehrt trug die Landesgemeinschaft mit ihrem Bekanntheitsgrad und ihrer Reputation dazu bei, den Krippenausstellungen in Telgte zusätzliche Aufmerksamkeit zu verschaffen. Die Verbindungen zur nationalen und internationalen Krippengemeinschaft konnten ausgebaut werden. Die Mitgliederversammlungen der Landesgemeinschaft fanden nahezu regelmäßig in Telgte statt. Bei den Krippenausstellungen des Museums traten die Krippenfreunde in Rheinland und Westfalen als Mitveranstalter auf.[102] Die Schriftleitung des von der Landesgemeinschaft herausgegebenen Jahrbuches „Die Weihnachtskrippe" wurde von Engelmeier übernommen. Der „mit großem Eifer und überraschender Tatkraft"[103] agierende Museumsleiter bewirkte eine deutliche Qualitätssteigerung des Publikationsorgans. Das fand nicht nur Anerkennung beim Publikum, sondern auch bei der Landesregierung von Nordrhein-Westfalen, die vorübergehend sogar einen Zuschuss zur Herausgabe des Jahrbuches gab. Vom Heimathaus Münsterland selbst wurde das Jahrbuch zunehmend für eigene Veröffentlichungen genutzt. Gleichzeitig stellte es die internationale Dimension des Krippenwesens heraus. 1961, dem Jahr des Internationalen Krippenkongresses in München, widmete sich das Jahrbuch ganz der weltweiten Entwicklung des Krippenwesens.

Beide Institutionen – das Heimathaus Münsterland und die Landesgemeinschaft der Krippenfreunde – fanden für ihre Arbeit Lob und Anerkennung von Seiten der katholischen Kirche. Als eine besondere Auszeichnung wahrgenommen wurde von

100 Vgl. Drücker, Friedrich: Kreuz und Leid von unseren Krippenfreunden. Den Toten zum Gedächtnis, in: Die Weihnachtskrippe, 17. Jb., Regensburg 1949, S. 41 ff.

101 Vgl. o. V.: 30 Jahre Landesgemeinschaft der Krippenfreunde in Rheinland und Westfalen e.V., Rückblick und Ausblick, in: Die Weihnachtskrippe, 22. Jb., Werl 1955, S. 26 ff.

102 Einladungen des Heimathauses Münsterland zu den Krippenausstellungen wiesen seit der zweiten Hälfte der 1950er Jahre wiederholt auf die Kooperation mit der Landesgemeinschaft der Krippenfreunde hin.

103 Möhring, Josef: Unserem Ehrenvorsitzenden Dr. Paul Engelmeier zum 75. Geburtstag, in: Die Weihnachtskrippe, 30 Jb., Köln 1963, S. 115

Abb. 31: „Christgeburt“ von Heinrich Lückenkötter aus Oelde, 1. Hälfte der 1960er Jahre

der Landesgemeinschaft, dass der Kölner Kardinal Josef Frings 1964 das „Ehrenprotektorat“ über die Vereinigung übernahm.[104] Nur wenige Jahre später – 1968 – erhielt die Landesgemeinschaft eine erneute Bestätigung für ihre Arbeit. Mit einem Schreiben bedankte sich der Apostolische Nuntius Konrad Bafile bei den Krippenfreunden in Rheinland und Westfalen für die erfolgreiche Herausgabe des Krippenjahrbuches.[105]

Eine völlig andere Anerkennung erhielt das Museum für seine Verdienste um die Krippenkultur und den Krippenbrauch. 1969 stiftete der Bischof von Münster Heinrich Tenhumberg einen jährlichen Ehrenpreis für vorbildliches Krippenschaffen.[106] Vergeben werden sollte er durch eine jeweils vom Museum zu bestimmende Jury. Ausgezeichnet werden sollten mit dem Ehrenpreis sowohl Berufs- als auch Laienkünstler.

104 Vgl. Mitteilungen der Landesgemeinschaft der Krippenfreunde in Rheinland und Westfalen, Posteingang vom 29.04.1964, Archiv des Museums Relígio – Sonderablage der Landesgemeinschaft der Krippenfreunde Mappe H

105 Vgl. Mitteilungen der Landesgemeinschaft der Krippenfreunde in Rheinland und Westfalen vom August 1968, Archiv des Museums Relígio – Sonderablage der Landesgemeinschaft der Krippenfreunde Mappe H

106 Vgl. Niederschrift der Kuratoriumssitzung des Heimathauses Münsterland vom 15.12.1969, Top 4, Archiv des Museums Relígio Dep. 175

Abb. 32: „Christgeburt“ Holzrelief von Heinrich Gerhard Bücker aus Vellern, 1948

Während die Stiftung des Preises vom Museum als eine Ehrung angesehen und ausdrücklich begrüßt wurde, stieß sie in der Öffentlichkeit anfangs auf Vorbehalte, weil damit andernorts Wettbewerbsnachteile beim Krippenschaffen befürchtet wurden.[107] Die Bedenken waren allerdings nicht von Dauer. Bereits im Januar 1970 wurde der Preis erstmals vergeben. Insgesamt wurden sechs Preisträgerinnen und Preisträger ermittelt, darunter auch eine Schulklasse aus Greven. [108] In der Folge entwickelte sich die Preisvergabe zu einem festen Bestandteil der Krippenaustellungen.

Eine besondere Auszeichnung erhielt Paul Engelmeier. 1973 – wenige Monate vor seinem Tod – wurde er von der katholischen Kirche zum Ritter des Ordens vom Heiligen Sylvester ernannt. Dies geschah allerdings nicht speziell im Hinblick auf die Pflege der Krippenkultur und des Krippenbrauches durch das Museum, sondern allgemein im Hinblick auf seine Verdienste um die katholische Kirche und den katholischen

107 Vgl. Engelmeier, Paul: Weihnachtskrippen aus dem Erzgebirge, Sudentenland und Westfalen, in: Die Weihnachtskrippe, 38. Jb., Köln 1971, S. 30

108 Vgl. Schreiben von Paul Engelmeier an Bischof Heinrich Tenhumberg vom 17.12.1969, Archiv des Museums Relígio Dep. 175

Glauben.[109] In der Tat war das Heimathaus Münsterland nach dem Zweiten Weltkrieg ein fester Bestandteil katholischer Selbstvergewisserung. Die Krippenausstellungen spielten dabei eine wichtige, wenn auch keine dominante Rolle. Was sich in ihnen verkörperte, war der Anspruch, Vergangenheit und Gegenwart miteinander zu verknüpfen und dadurch für die Zukunft nutzbar zu machen. Soweit es die religiöse Verankerung Engelmeiers angeht, hat er damit zweifelsohne die Bewahrung christlicher Grundwerte verfolgt.[110] Ob dies nun in konservierender Absicht geschah oder in erneuernder, den Strukturwandel in Kirche und Glauben aufgreifender Weise erfolgte, kann dahingestellt bleiben. Was die Krippenausstellungen und die in ihnen gezeigten Exponate angeht, dienten sie jedenfalls primär der Verkündigung der frohen Botschaft. Einen weitergehenden gesellschaftlichen Anspruch hatten sie zumeist nicht. In ihrer überwiegenden Zahl waren sie eher Ausdruck gesellschaftlicher Zufriedenheit als Ausdruck eines Strebens nach gesellschaftlichem Wandel.

109 Vgl. Robert, Rüdiger: Mehr als ein Versprechen. Vom Heimathaus Münsterland zum Museum Relígio, a.a.O., S. 156

110 Vgl. ebd. S. 158

Höhenflug der Krippenausstellungen

In den 1970er Jahren geriet das Heimathaus Münsterland zunächst in ein schwieriges, ein unruhiges Fahrwasser. Die Gründe betrafen im Wesentlichen den Doppelcharakter des Museums. Einerseits war das Heimathaus Münsterland ein fast vollständig auf Ehrenamtlichkeit beruhendes Museum des Landkreises Münster. Die Ressourcen des Museums waren begrenzt. Andererseits war das Museum bestrebt, sich als bedeutsame kulturelle Einrichtung mit überörtlichem, ja regionalem Geltungsanspruch zu behaupten.

Das bedeutete zunächst einmal die Notwendigkeit, eine Antwort auf die Frage nach der künftigen Leitung des Museums zu geben. Dabei ging es um eine Doppelentscheidung, nämlich um eine Entscheidung zwischen Ehrenamtlichkeit und Hauptamtlichkeit und um eine Entscheidung zwischen Professionalität und Laientum. Erst nach verschiedenen Anläufen gelang es, mit der Berufung des Volkskundlers Dr. Franz Krins zum Museumsleiter am 1. November 1975 eine klare Weichenstellung in Richtung auf Professionalität vorzunehmen. Von einer Beschäftigung als Vollzeitkraft schreckte der neu gebildete Verwaltungsrat des Museums allerdings noch zurück.

Als Folge von Gebietsreform und kommunaler Neuordnung war zuvor die schwierige Frage der künftigen Trägerschaft des Museums geklärt worden. Als gemeinnützige Gesellschaft mit begrenzter Haftung, an der sich neben dem Kreis vor allem die Stadt Telgte und das Bistum Münster beteiligten, war die Zukunft des Heimathauses gesichert.[111] Die finanzielle Situation des Museums besserte sich in der Folgezeit merklich.

Die Aufgaben des Heimathauses Münsterland blieben nahezu unverändert. Im religiösen Bereich ging es weiterhin um die Sammlung und Darbietung von Zeugnissen der religiösen Volkskunst des Münsterlandes, des Bistums Münster und Westfalens, im Themenbereich Handwerk war eine Konzentration auf das Münsterland vorgesehen. Die alt-neue Konzeption des Museums nahm keinen Bezug auf Veränderungen in Religion und Gesellschaft. Sie führten mit fortschreitender Individualisierung und Pluralisierung zu einem wachsenden Bedeutungsverlust des katholischen Milieus. Daran konnten auch die kirchlichen Reformprozesse, wie sie mit dem II. Vatikanischen Konzil (1962–1965) u. a. im Bistum Münster angestoßen wurden, nichts ändern.[112] Als Themenfeld blieb der Wandel der kirchlich-religiösen Rahmenbedingungen für das Heimathaus Münsterland weitgehend ausgespart.

Das traf auch für die Pflege der Krippenkultur und des Krippenbrauches zu. Die Krippenausstellungen blieben als Bestandteil im Ausstellungsprogramm des Museums unverändert bestehen. Das war umso verständlicher, als nachlassende religiöse

111 Vgl. Vertrag zur Gründung einer gemeinnützigen Gesellschaft mit beschränkter Haftung zur Erhaltung und Förderung des Heimathauses Münsterland in Telgte vom 07.01.1974, Archiv des Museums Relígio Dep. 166

112 Vgl. Damberg, Wilhelm: Moderne und Milieu 1802–1998, Münster 1998, S. 345 ff.

Abb. 33 u. 34: Einladungen zu den Krippenausstellungen 1975/76 und 1981/82

Bindungen, Trägerwechsel und Veränderungen in der Museumsleitung sich auf die Besucherzahlen nicht negativ auswirkten. Das Gegenteil war der Fall. Die Besucherzahlen stiegen rapide an. Mehr als eine halbe Million Menschen besuchten zwischen 1971/72 und 1984/85 das Museum. Von insgesamt 33 Ausstellungen widmeten sich nur noch zehn der ländlichen Handwerks- und Wohnkultur. Mit knapp 50.000 Besucherinnen und Besuchern war der Zustrom zu diesen Ausstellungen begrenzt. Bei den Schauen zur religiösen Volkskunst war die Entwicklung eine völlig andere. Das galt insbesondere für die Krippenausstellungen. 1974/75 wurde die als Traumzahl angesehene Grenze von 20.000 Besucherinnen und Besuchern erstmals überschritten. 1983/84 war dieser Erfolg kaum mehr der Rede wert. Die Besucherzahl erreichte mit mehr als 40.000 Personen eine bis dahin nicht für möglich gehaltene Größenordnung. Mehr als 75 Prozent aller Besucherinnen und Besucher, die in den Jahren 1971 bis 1984 in das Heimathaus Münsterland kamen, taten dies allein wegen der Krippenausstellungen. Damit deutete sich erstmals die Möglichkeit der Entwicklung zu einem Krippenmuseum an.

Die Ursachen für den Andrang auf die Krippenausstellungen sind unklar. Die Qualität der Ausstellungen und das Engagement der Museumsleitung als ausschlaggebende Faktoren anzuführen, dürfte zu kurz greifen. Bei gleichbleibender Qualität wäre mit nachlassender religiöser Bindung eher eine rückläufige Besucherzahl zu erwarten

Besucherinnen und Besucher im Heimathaus Münsterland 1971/72 bis 1984/85

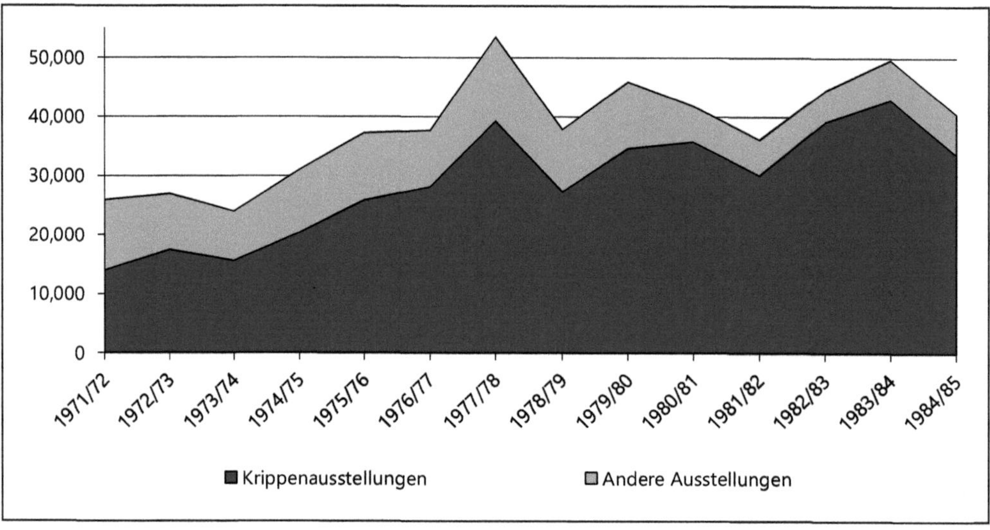

Erläuterung: Zuordnung des Monats Januar jeweils zum Vorjahr – Statistische Angaben des Museums Relígio

gewesen. Dass dies nicht der Fall war, dürfte nicht zuletzt an dem hohen Freizeit- und Unterhaltungswert gelegen haben, der mit dem Besuch der Krippenausstellungen verbunden war.[113] Auch die Einbeziehung von Laien und hier wiederum insbesondere von Kindern und Jugendlichen in die Arbeit des Museums dürfte erheblich zur Anziehungskraft der Krippenschauen beigetragen haben. Weihnachten war und blieb als Familienfest eine fest gefügte gesellschaftliche Einrichtung. Krippenkultur und Krippenbrauch standen dem wachsenden Streben nach Unterhaltung und Konsum nicht entgegen. Beides ließ sich ohne Schwierigkeiten miteinander vereinbaren. Und das Heimathaus Münsterland bot dazu mit seinen Räumlichkeiten einen idealen Rahmen.

Hinzu kam, dass das Museum über ausgezeichnete Beziehungen zu gesellschaftlichen Institutionen verfügte, die eine besondere Affinität zur Arbeit des Heimathauses Münsterland hatten. Dazu zählten vor allem kirchliche Vereinigungen, und zwar sowohl von katholischer als auch von evangelischer Seite. Frauen- und Altengemeinschaften sowie Heimat- und Geschichtsvereine machten einen Großteil der Besucher des Museums aus. Eine nicht zu unterschätzende Bedeutung hatten auch Grund- und weiterführende Schulen sowie Volkshochschulen. Die vom Museum sorgfältig gepflegten Kontakte zu diesen Einrichtungen hatten einen beachtlichen Zustrom an Besuchergruppen zur Folge. Zur Krippenausstellung um die Jahreswende 1972/73 kamen etwa

113 Vgl. Heckel, Ursula: Das Heimathaus Münsterland in Telgte. Eine Befragung zur Struktur und Motivation seiner Besucher, Schriftenreihe des Museums Heimathaus Münsterland Heft 2, Telgte 1988, S. 100

160 Gruppen.[114] Bis 1977/78 stieg ihre Zahl auf mehr als 350 an. Seitdem bewegte sie sich in einer annähernd vergleichbaren Größenordnung. 1983/84 erreichte sie mit 418 Gruppen einen neuen Rekord.[115]

Der Besuch von Schulklassen hatte für das Museum ein besonderes Gewicht, war damit doch der Versuch verbunden, Kinder und Jugendliche für eine Beschäftigung mit dem Krippenwesen zu gewinnen. Bis zu 120 Schülergruppen besuchten jährlich die Krippenausstellungen. Bei den Frauen- und Altengemeinschaften war auffallend, dass sie häufig von einem Geistlichen geleitet wurden, die Bindung an die Kirche hier also noch ausgeprägt war. 10 bis 20 Prozent aller Besuchergruppen waren evangelisch. Das galt als Beleg für den zunehmend ökumenischen Charakter der Krippenausstellungen.[116]

Das Publikum des Heimathauses war überwiegend weiblich. Die Gruppe der 50 bis 59jährigen Besucherinnen und Besucher war gemessen an der Gesamtbevölkerung überrepräsentiert. Zwei Drittel der Männer waren berufstätig. Bei den Frauen war es nur ein Drittel. Knapp die Hälfte aller Museumsbesucher – nämlich 48 Prozent – besaß die Hochschulreife oder einen Hochschulabschluss, im Bundesdurchschnitt lag der Anteil nur bei 16 Prozent.[117] Auch wenn das Museum ganz auf die Pflege und Präsentation von Alltagskultur ausgerichtet war, zeigte es sich damit doch als eine bildungsbürgerliche Einrichtung.

Der Einzugsbereich des Museums ging deutlich über Telgte hinaus. Mitte der 1980er Jahre kamen überhaupt nur neun Prozent aller Besucherinnen und Besucher aus der Emsstadt. 44 Prozent der Gäste stammten aus Städten und Gemeinden, die in einer Entfernung von bis zu 30 km von Telgte entfernt lagen. 46 Prozent der Besucherinnen und Besucher kamen aus Wohnorten mit einer größeren Entfernung.[118] Der Einzugsbereich entsprach dem Anspruch des Museums, eine überörtlich bedeutsame kulturelle Einrichtung zu sein.

Zielsetzung und Art der Präsentation der Krippenausstellungen wurden von den Nachfolgern von Paul Engelmeier, insbesondere von Franz Krins nicht verändert. Das traf auch für die religiöse Intention dieser Ausstellungen zu, nämlich dem Menschen die Geburt Christi näher zu bringen. Allerdings wurden die Ausstellungen jetzt zunehmend unter ein bestimmtes Motto gestellt, um sich dem weihnachtlichen Geschehen von Jahr zu Jahr aus unterschiedlichen Blickwinkeln nähern zu können. 1973/74 war es die Anbetung des göttlichen Kindes „Ich steh an Deiner Krippe hier".[119] 1976/77 war das Motto ein Vers des evangelischen Theologen Jochen Klepper „Aus einem Glanz

114 Vgl. Besuchergruppen der Krippenausstellung 1972/73, Archiv des Museums Relígio Dep. 574

115 Vgl. Angaben über Besucher und Besuchergruppen, Archiv des Museums Relígio Dep. 186 u. 187

116 Vgl. Niederschrift der Sitzung des Verwaltungsrates der Museum Heimathaus Münsterland GmbH vom 13.12.1978, Top 2, Archiv des Museums Relígio Dep. 122

117 Vgl. ebd.

118 Vgl. Heckel, Ursula, a.a.O., S. 59f.

119 Einladung zur 33. Krippenausstellung des Heimathauses Münsterland 1973/74, Archiv des Museums Relígio Dep. 156-126

Abb. 35: „Die Geburt Christi" von Heinrich Gerhard Bücker aus Vellern, 1960

und Lichte tritt er in Deine Nacht und alles wird zunichte, was Dir so bange macht".[120] 1977/78 lautete der Wahlspruch „... und wer es mit dem Kinde wagt, am Ende muss ganz unverzagt sehr stark und fröhlich werden".[121]

Die Vorbereitung der Krippenausstellungen erfolgte nach einem weitgehend einheitlichen Ablaufschema. Mitte des Jahres – spätestens im August – wurden die potentiellen Ausstellerinnen und Aussteller angeschrieben und um eine Mitwirkung an der kommenden Krippenschau gebeten. Eingeladen wurden die Krippenschaffenden unabhängig davon, ob sie sich bereits in der Vergangenheit an den Ausstellungen zur Advents- und Weihnachtszeit beteiligt hatten oder nicht. Dabei waren Arbeiten von professionellen Künstlern ebenso erwünscht wie Arbeiten von Laien. Willkommen waren als Exponate nicht nur Haus- und Kirchenkrippen, sondern alle

120 Einladung zur 36. Krippenausstellung des Heimathauses Münsterland 1976/77, Archiv des Museums Relígio Dep. 156-133

121 Einladung zur 37. Krippenausstellung des Heimathauses Münsterland 1977/78, Archiv des Museums Relígio Dep. 156-136

MUSEUM
HEIMATHAUS MÜNSTERLAND
4404 TELGTE · RUF (02504) 1736

4404 TELGTE, DEN im August 1975

Sehr verehrte
Freunde und Gestalter
der Weihnachtskrippe!

Wie alljährlich um diese Zeit bringen wir uns wieder in Erinnerung. Damit verbunden ist erneut eine Einldung. Im Heimathaus Münsterland zu Telgte rüstet man wieder zur traditionellen Ausstellung von alten und neuen Weihnachtskrippen. Es ist die 35. dieser Art. Sie erfreuen sich vor wie nach größter Beliebtheit. Für viele Menschen aus nah und fern gehört es zur selbstverständlich gewordenen Gewohnheit, um die Weihnachtszeit zu den Krippen im Heimathaus zu pilgern. Beim letzten Mal waren es über Zwanzigtausend!

Ja, gläubig zu pilgern! Das unbedingt und zuhöchst Künstlerische an dem, was da gezeigt wird, ist mehrheitlich garnicht so gefragt. Ob die Vertiefung in das Geheimnis der Menschwerdung Christi, ob die Sichtbarmachung dieser Heilsbotschaft gelungen ist, scheint die Besucher und somit die "Macher" der Krippen mehr zu bewegen.

Das war auch vordergründig in der Absicht beschlossen, die den unvergessenen Gründer und langjährigen Leiter des Heimathauses, den verstorbenen Stadtrat Dr. Paul Engelmeier veranlaßten, als er mit den Bestrebungen der Landesgemeinschaft der Krippenfreunde in Rheinland und Westfalen bekannt geworden war und später sogar deren Vorsitz innehatte, es in Telgte mit den Krippenausstellungen zunächst zaghaft zu probieren und sie am Ende seinen Nachfolgern als sein liebstes Erbgut ans Herz zu legen.

So bitten wir Sie, uns spätestens bis Mitte Oktober wissen zu lassen, ob wir mit einer Beschickung der Ausstellung durch eine Ihrer Arbeiten rechnen dürfen. Ob sie in Holz oder Metall, Textil, Stein oder Kunststoff, bekleidet oder unbekleidet ausgeführt sind, ob sie im Kleinformat oder Großformat gestaltet sind, ist Ihnen überlassen.

POSTFACH 110 · BANKKONTO: KREISSPARKASSE MÜNSTER 4-[illegible]

Abb. 36: Einladung zur Teilnahme an der Krippenausstellung, Archiv des Museums Relígio Dep. 186

handwerklich-künstlerischen Arbeiten, die sich in irgendeiner Weise mit dem Christfest und dem Weihnachtsbrauchtum auseinandersetzten. Die Exponate wurden als Leihgaben erbeten und auf Wunsch auch zum Kauf angeboten.[122]

Besondere Aufmerksamkeit wurde darauf gerichtet, Arbeiten von Kindern und Jugendlichen für die Krippenausstellungen zu gewinnen. Neben Einzelarbeiten ging es dabei auch um Gemeinschaftsarbeiten. Um dieses Ziel zu erreichen, wurden Schulen und Kindergärten direkt angesprochen. 1972/73 schrieb das Museum eigens einen

122 Vgl. a) Schreiben von Hans Riepenhausen an Aussteller und Leihgeber der Krippenausstellung vom Juni 1971, Archiv des Museums Relígio Dep. 574, b) Schreiben des Heimathauses Münsterland an Freunde und Gestalter der Weihnachtskrippe vom August 1975, Archiv des Museums Relígio Dep. 186

Abb. 37: Erstlingswerk des achtjährigen Gerhard Heinrich Bücker aus Vellern, Bekleidung durch die zehnjährige Schwester, 1930

Schülerwettbewerb aus. Die Lehrerschaft wurde aufgefordert, sich im Kunst- und Werkunterricht mit dem Krippenschaffen auseinanderzusetzen und dem Museum für die kommende Ausstellung entsprechende Exponate zur Verfügung zu stellen. Um qualitativen Anforderungen gerecht zu werden, sollte eine Jury über die Zulassung der eingereichten Werke zur Krippenausstellung entscheiden. Als besonderer Anreiz für eine Teilnahme an dem Wettbewerb wurde auf die Möglichkeit einer Auszeichnung mit dem Krippenpreis des Bischofs von Münster für vorbildliches Krippenschaffen verwiesen.[123]

Die Zahl der Aussteller und Leihgeber, die in den Jahren 1971/72 bis 1984/85 für die Krippenausstellung gewonnen werden konnten, war beachtlich. Sie belief sich im Minimum auf knapp 90, im Maximum auf über 150.[124] Dabei wechselten leichte Auf- und Abschwünge einander in rascher Folge ab. Noch deutlicher kam die große Bandbreite, mit der das Thema der „Menschwerdung des Herrn" bearbeitet wurde, in der Zahl der Exponate zum Ausdruck. Sie lag zunächst bei 120, stieg dann aber bis Ende der 1970er/ Anfang der 1980er Jahre auf 200 bis 280.[125] Eine Konsequenz war, dass die Räumlichkeiten des Museums zur Advents- und Weihnachtszeit nahezu vollständig von den Krippenausstellungen beansprucht wurden. Für den Dauerausstellungsbereich des Heimathauses blieb damit kaum Platz. 1978/79 war der Andrang zur Krippenausstellung

123 Vgl. Pressenotiz des Heimathauses Münsterland: Schülerwettbewerb 1972/73, Archiv des Museum Relígio Dep. 574

124 Vgl. dazu die Kataloge zu den Krippenausstellungen des Heimathauses Münsterland in den Jahren 1971 bis 1985. Sie enthalten Angaben zur Zahl der Aussteller und Leihgeber sowie zur Zahl der ausgestellten Exponate.

125 Vgl. Statistische Angaben des Heimathauses Münsterland zu den Krippenausstellungen 1981/82, 1982/82 und 1983/84, Archiv des Museums Relígio Dep. 594a, 597a und 603a

Abb. 38: Heimathaus Münsterland mit dem Bernd-Kösters-Erweiterungsbau

von Seiten der Aussteller derart groß, dass es nicht möglich war, alle eingereichten Arbeiten auszustellen, obwohl das Museum eigens auf die Präsentation von Krippen aus dem hauseigenen Fundus verzichtete.[126]

Der wachsende Erfolg der Krippenausstellungen war so groß, dass zunehmend Handlungsdruck auf Seiten der Träger des Museums entstand. 1976 stellte der Geschäftsführer der Heimathaus Münsterland GmbH, der Telgter Stadtdirektor Hans Melchers, fest, dass das Museum seine Stellung auf Dauer nur dann werde halten können, wenn mehr Platz für Exponate und Besucher geschaffen werde.[127] In dieser Auffassung wurde der Geschäftsführer von Museumsleiter Franz Krins nachdrücklich bestärkt. Nach mehrjährigen Planungen, der Herstellung des notwendigen Einvernehmens mit der katholischen Kirchengemeinde und der Klärung der schwierigen

126 Vgl. Niederschrift der Sitzung des Verwaltungsrates der Museum Heimathaus Münsterland GmbH vom 13.12.1978, Top 2, a.a.O.

127 Vgl. Melchers, Hans: Überlegungen für eine Erweiterung des Heimathauses – Aktenvermerk vom 06.07.1976, Archiv des Museums Relígio Dep. 139

Finanzierungsfrage wurde 1981 schließlich der Beschluss zu einem Erweiterungsbau gefasst. Der erste Spatenstich für den Erweiterungsbau erfolgte am 16. November 1981.[128] Eingeweiht und in Betrieb genommen wurde der nach seinem Architekten Bernd Kösters benannte Neubau mit einem Festakt am 15. Juni 1983.[129] Im darauf folgenden Winter fand die Krippenausstellung erstmals in den erweiterten Räumlichkeiten des Museums statt.

Bis zum Ausscheiden von Franz Krins aus seinem Amt als Museumsleiter 1985 zeigte das Heimathaus nach der „Ära Engelmeier" insgesamt 14 Krippenausstellungen. Sie waren nach dem Urteil des Museums ausnahmslos ideenreich, stimmungsvoll und immer wieder einmalig.[130] Die Aussage bezog sich sowohl auf die Art und Auswahl der Exponate, ihre Herkunft als auch auf das Spektrum der Künstlerinnen und Künstler.

Die Lebendigkeit der Krippenschauen war in der Tat in erheblichem Maß den Ausstellern und Leihgebern geschuldet. Sie gaben den Ausstellungen immer wieder neue Impulse und regten zum Besuch des Heimathauses an. Von der Museumsleitung wurde dies ausdrücklich anerkannt. Die Krippenschauen – so hieß es –, fänden immer mehr Beachtung, weil sie dank der Künstler von Rang und Namen, der Arbeiten von Krippenbastlern, Kindern und Laiengruppen umfassend die Möglichkeiten zur Gestaltung der Weihnachtskrippe aufzeigten und damit dem Ziel entsprächen, die Geburt Christi den Menschen näher zu bringen.[131] Dabei war es nicht allein die Zahl, sondern auch die Unterschiedlichkeit der Ausstellerinnen und Aussteller, die von Bedeutung war. Sie bildeten ein buntes Kaleidoskop der Gesellschaft. Neben Architekten, Ingenieuren, Kaufleuten, Musikern, Handwerkern und Landwirten waren es insbesondere Hausfrauen, die sich als Laien an den Krippenarbeiten beteiligten. Daneben waren – wie mehrfach erwähnt – die Arbeiten von Kindern und Jugendlichen – ob individuell oder in Gruppen gefertigt – fester Bestandteil der Ausstellung. Das galt nicht zuletzt für die Werke professionell arbeitender Künstler, seien es nun Bildhauer, Graphiker, Keramiker oder Kunstmaler.[132] Ein besonderes Kennzeichen des Museums war es, dass sich im Laufe der Jahre ein Stamm von Künstlerinnen und Künstlern herausbildete. Sie beteiligten sich immer wieder, wenn auch nicht in jedem Fall regelmäßig an den Krippenausstellungen. Ihre Namen gaben den Ausstellungen ein besonderes Gesicht. Dazu zählte aus Telgte neben Hans Dinnendahl auch Franz Crone, der seine Werke seit 1962 im Heimathaus Münsterland präsentierte. Andere dem Museum mit Exponaten eng verbundene Personen waren Helga Hauck aus Rüthen (seit 1956), Anni Schulte aus Rheine (seit 1960), Gertrud Honermann aus Münster-Roxel und Irmgard Klockenkämper

128 Vgl. Niederschrift der Sitzung der Gesellschafterversammlung der Museum Heimathaus Münsterland GmbH vom 09.12.1981, Top 3, Archiv des Museums Relígio Dep. 124

129 Vgl. a) Münstersche Zeitung vom 16.06.1983, Archiv des Museums Relígio Dep. 147, b) Westfälische Nachrichten vom 16.06.1983, Archiv des Museums Relígio Dep. 147

130 Vgl. Einladung zur 45. Krippenausstellung 1985/86 des Heimathauses Münsterland, Archiv des Museums Relígio Dep. 156-156

131 Vgl. Einladung zur 38. Krippenausstellung des Heimathauses Münsterland 1978/79, Archiv des Museums Relígio Dep. 156-138

132 Vgl. Statistische Angaben des Heimathauses Münsterland zur Krippenausstellung 1981/82, a.a.O.

Abb. 39: Künstlerkrippe von Anni Schulte aus Rheine, um 1980

Abb. 40: „Heilige Familie“ von Franz Crone aus Telgte, 1970er Jahre

Abb. 41: „Christgeburt“ von Josef Grasedieck aus Bottrop-Kirchhellen, 1960er Jahre

aus Steinfurt (beide seit 1965), Agathe Henning aus Castrop Rauxel (seit 1969), Edith Krieg aus Warendorf (seit 1971), Stefan Linne aus Bad Waldliesborn (seit 1974) oder Julia Emmi Limpke aus Bonn (seit 1975).[133] Überwiegend handelte es sich bei den genannten Personen nicht um professionell Krippenschaffende, sondern um Laienkünstler und Laienkünstlerinnen. Dem Museum gelang es immer wieder, auch diesen Personenkreis fest an sich zu binden.

Ein herausragendes Beispiel für eine dauerhafte Zusammenarbeit war das Verhältnis zu Josef Grasedieck (1922–2013) aus Bottrop-Kirchhellen. Seit den 1950er Jahren stellte er sein künstlerisches Schaffen ganz in den Dienst des Heimathauses Münsterland. Immer wieder setzte er sich mit der biblischen Weihnachtsgeschichte auseinander. Mit seinen „Knubben-“ und „Balkenkrippen“ aus Eichenholz, Mooreiche oder auch aus Kännelkohle fand er sowohl national wie international Anerkennung. Zusätzlich schuf er verschiedenste Darstellungen mit Szenen aus dem Arbeitsleben von Bauern und Bergleuten sowie mit Ereignissen aus dem legendären Wirken von Heiligen. Sie alle waren in seinem Werk ebenso vertreten wie die Heilige Familie oder der gekreuzigte Christus.[134] 1969 zählte Grasedieck zu den ersten Preisträgern des „Bischof-Heinrich-Tenhumberg-Preises“, den er danach noch zweimal erhielt. Als sich Grasedieck 1983/84 zum 25. Mal an der Krippenausstellung beteiligte, zeigte das Museum eigens eine Sonderschau mit ausgewählten Werken des Laienkünstlers und gab damit

133 Vgl. a) Katalog zur 43. Krippenausstellung des Heimathauses Münsterland 1983/84, b) Katalog zur 44. Krippenausstellung des Heimathauses Münsterland 1984/85

134 Vgl. Ostendorf, Thomas: Josef Grasedieck. Bildhauer und Krippenkünstler, in: Die Weihnachtskrippe, 62. Jb., Telgte/Köln 1998, S. 5

Abb. 42: Kirchenkrippe von Agathe Henning aus Castrop-Rauxel, um 1970

einen frühen Einblick in das Lebenswerk Grasediecks.[135] 1998 – zum 75. Geburtstag des Künstlers – widmete das Museum ihm und seinem Werk eine weitere Sonderausstellung. Die Hommage war zugleich als Dank an den Künstler gedacht. Kurz vor seinem Tod 2013 wurde Grasedieck vom Bistum Münster nochmals für seine Krippenarbeit geehrt.

Die Mehrzahl der Krippen, die das Museum in der Advents- und Weihnachtszeit zeigte, stammte aus dem Umland von Telgte, dem Münsterland und dem nördlichen Westfalen. Neben Münster und einigen größeren Ruhrgebietsstädten wie Essen oder Dortmund waren es vor allem ländliche Gemeinden, aus denen die ausgestellten Arbeiten kamen. Im direkten Umkreis von Telgte gehörten Handorf, Wolbeck, Angelmodde, Warendorf und Sendenhorst, aber auch Sassenberg, Ahlen und Beckum dazu. Das dürfte kein Zufall gewesen sein. Kirchenbindung und Religiosität waren in kleineren Gemeinden noch stärker ausgeprägt als in den großen Städten oder gar Ruhrmetropolen. Die Bereitschaft, sich mit Krippenkultur und Krippenbrauch auseinanderzusetzen, war im ländlichen Raum größer als im städtischen Raum.

Ergänzend und in vergleichender Absicht wurden zu den „heimischen" Krippen Darstellungen der Geburt Christi aus anderen Regionen Deutschlands gezeigt. Sie beherrschten aber nicht die Ausstellungen. Eine Ausnahme von dieser Regel war die Krippenschau 1971/72. Sie zeigte zum zweiten Mal seit 1956/57 einen breit angelegten

135 Vgl. Katalog zur 43. Krippenausstellung des Heimathauses Münsterland 1983/84, Nr. 98–112

Abb. 43: Makonde-Schnitzarbeit von Edward Ndandu aus Tansania, 1972

Vergleich zwischen dem Krippenschaffen in den beiden Teilen Nordrhein-Westfalens.[136] Zurückzuführen war dies auf die Zusammenarbeit des Museums mit der Landesgemeinschaft der Krippenfreunde in Rheinland und Westfalen.

Ähnlich verhielt es sich mit den Krippen aus dem Ausland. Auch hier wurden einzelne Exemplare gezeigt. Sie bildeten aber nicht den Kern der Krippenausstellungen. Das traf für unterschiedliche Darstellungen der Geburt Christi aus Ländern wie Frankreich, Italien, den Niederlanden, Österreich, Polen oder Ungarn zu. Der erfolgreiche Versuch einer länderübergreifenden Ausstellung – wie 1969/70 mit Polen – wurde nicht wiederholt. Eine Auseinandersetzung mit dem Krippenschaffen außerhalb der Grenzen Europas fand eher am Rande statt. Eine Krippe aus Tansania erregte 1975/76 allerdings große Aufmerksamkeit. Gefertigt aus einem schweren Ebenholzstamm vermittelte sie einen als spektakulär empfundenen Einblick in das Krippenschaffen in Afrika.[137] Die Krippe wurde für die seinerzeitige Krippenausstellung zu einem besonderen Anziehungspunkt. 1980/81 fand sich mit Peru erstmals auch ein Hinweis auf die Krippenkultur und den Krippenbrauch in Lateinamerika.[138]

Die Materialwahl bei den Krippenausstellungen war außerordentlich unterschiedlich. Sie variierte von Exponat zu Exponat. Das war erklärter Wille des Heimathauses Münsterland. Ausdrücklich ermutigte das Museum bei seinen Anschreiben die potentiellen Künstler und Aussteller, sich unterschiedlicher Werkstoffe und Techniken zu bedienen. Holz war bei Männern vielfach der bevorzugte Werkstoff, bei Frauen war

136 Vgl. Einladung zur Ausstellung „Weihnachtskrippen aus Rheinland und Westfalen" 1971/72, Archiv des Museums Relígio Dep. 156-121

137 Vgl. o.V.: Einbaum-Krippe aus Tansania. Mittelpunkt der Telgter Ausstellung 1975, in: Die Weihnachtskrippe, 43. Jb., Telgte/Köln 1976, S. 78 ff.

138 Vgl. Katalog zur 40. Krippenausstellung des Heimathauses Münsterland 1980/81

Abb. 44: Wachsfigur unter einem Glassturz – Klosterarbeit vermutlich aus Vinnenberg, um 1800

es Ton. Zur Anwendung kamen aber auch Materialien wie Textil, Wachs, Stein oder Metall. Das Weihnachtsgeschehen ließ sich dadurch sehr verschiedenartig darstellen. Neben Arbeiten in Form von Kupfer- und Stahlstichen waren es Kohlezeichnungen, Radierungen, Linolschnitte oder auch Wandfliesen, Näh- und Stickarbeiten. Papier war ein besonders kostengünstiges Material, das bereits um die Jahrhundertwende vom 19. zum 20. Jahrhundert als Werkstoff beliebt war. Seinerzeit wurde es vor allem für die gewerbliche Herstellung von Krippenbildern, Weihnachtsbögen, Faltkrippen und Krippen-Triptychen verwandt.[139] Für das Krippenschaffen von Kindern und Jugendlichen war es hervorragend geeignet, so dass entsprechende Arbeiten auch immer wieder auf den Krippenausstellungen zu sehen waren.

Haus- und Kirchenkrippen bildeten in den Jahren 1970/71 bis 1984/85 nach wie vor den Kern der Krippenausstellungen. Bei den historischen Krippen griff das Museum wegen ihrer Besonderheit gern auf Wachsfiguren und Krippenkästen zurück. Ein Beispiel dafür war die Krippenausstellung 1976/77. Sie zeigte u. a. Wachsfiguren mit

139 Vgl. a) Krins, Franz: Krippenbilder, Weihnachtsbögen, Faltkrippen und Krippen-Triptychen im Heimathaus Münsterland zu Telgte, in: Die Weihnachtskrippe, 47. Jb., Telgte/Köln 1980, S. 82 ff., b) Ders.: Beispiel einer Faltkrippe. Neu erworben für das Heimathaus Münsterland, in: Die Weihnachtskrippe, 48. Jb., Telgte/Köln 1981, S. 90 f.

Originalbekleidung aus der Kirchenkrippe des Klosters Gravenhorst um 1800, einen Krippenkasten mit einer Kreuzigungsszene aus dem Raum Borken und eine Wachsfigurenkrippe der katholischen Kirchengemeinde Heinsberg-Kempen aus der zweiten Hälfte des 19. Jahrhunderts.[140] Mit Krippen aus den 1930er Jahren erinnerte das Heimathaus Münsterland zudem immer wieder an seine eigene Entstehungsgeschichte und die Anfänge der Wiederbelebung der westfälischen Krippenkultur.

Die überwiegende Zahl der Krippen, die ausgestellt wurden, waren jedoch zeitgenössische Krippen, von denen viele eigens für die jeweilige Krippenschau gestaltet wurden. Sie unterschieden sich stark voneinander. So stand die Holzkrippe neben der Porzellankrippe, die „Musikantenkrippe" neben der Wachskrippe, die Rupfenkrippe neben der Tonkrippe. Auffallend war, dass die Figuren insgesamt bunter wurden. Die Gesichter der Marienfiguren zeigten sich jugendlicher und sanfter. Der Trend ging – so schien es zumindest – zur heiteren, freundlichen Darstellung der Geburt Christi.[141]

Das war indes nicht die ganze Wahrheit, wurde in der Krippenkunst doch auch ein stärkerer Zug zur Wirklichkeit, ein Zug zur harten Realität erkennbar.[142] Neben die Gestaltung herkömmlicher Krippen, die ganz im biblischen Geschehen verharrten, traten Krippen, die einen unmittelbaren Gegenwartsbezug herzustellen suchten. Wenn auch nicht durchgängig, so nahm die Verbindung von zeitgenössischem und zeitkritischem Krippenschaffen doch zu. Die 31. Krippenausstellung im Museum 1971/72 war ein Beleg dafür. Der Bildhauer Franz Kött (1919–2006)[143] wies seinerzeit mit seiner Schnitzarbeit „Weihnachten in unserer Zeit" unmissverständlich auf Herausforderungen der Welt wie Einsamkeit, Ökumene, Hass, Friede, Liebe, Gewalt und Slums hin. Die Hausfrau Carola Schnickmann stellte mit ihrer Arbeit die Gegensätze von arm und reich, farbig und weiß, alt und jung, aber auch Krieg und Frieden heraus. Der Bildhauer Hans Sommer (1909–2000) warf mit seinem Entwurf zu einer Krippe aus Holz sogar die Frage auf, ob die Menschheit überhaupt noch in der Lage sei, die Botschaft der Heiligen Nacht zu verstehen.[144]

Krippenkultur und Krippenpflege wurden auch von den Amtsnachfolgern Engelmeiers wissenschaftlich begleitet. Die Kataloge zu den Krippenausstellungen erschienen weiterhin, behielten aber ihre bescheidene Aufmachung. Die Inventarisierung des Krippenbestandes wurde fortgesetzt. Die Zahl der Veröffentlichungen indes ging zurück. Ursache dürfte der mehrfache Wechsel an der Spitze des Museums gewesen sein. Allerdings erfolgten weiterhin Publikationen in der „Weihnachtskrippe", dem Jahrbuch der rheinisch-westfälischen Krippenfreunde. Darunter befanden sich auch Veröffentlichungen von Personen, die nicht dem Museum angehörten. Sie griffen die Arbeit

140 Vgl. Katalog zur 36. Krippenausstellung des Heimathauses Münsterland 1976/77
141 Vgl. Münstersche Zeitung vom 03.02.1986, Archiv des Museums Relígio Dep. 606 b
142 Vgl. Münstersche Zeitung vom 04.02.1974, Archiv des Museums Relígio Dep. 175
143 Zur Person des Künstlers vgl. Brandenburg, Franz-Josef: Franz Kött – vom Landwirt zum Bildhauermeister, in: Die Weihnachtskrippe, 64. Jb., Münster/New Yorck 2018, S. 31 ff.
144 Vgl. Hasenkamp, Johannes: Krippen auch in unserer Zeit, in: Westfälische Nachrichten o.D., Archiv des Museums Relígio Dep. 570

Abb. 45: Domkrippe aus Osnabrück in der Krippenausstellung 1974/75

des Heimathauses auf und kommentierten sie, so der Feuilletonchef der Westfälischen Nachrichten Johannes Hasenkamp, Prälat Egon Mielenbrink und der Sakristan der Telgter St. Clemenskirche Karl-Heinz Engemann.[145]

Franz Krins hatte sich bereits vor seiner Zeit als Museumsleiter in Telgte mit Fragen der Krippenkultur und des Krippenbrauches befasst.[146] Nach seiner Amtsübernahme setzte er sich erneut in einer Reihe kleinerer Veröffentlichungen mit Fragen des Krippenwesens auseinander. Wie Engelmeier ging es ihm dabei – wohl in legitimatorischer Absicht – primär um den Nachweis einer besonderen westfälischen Krippentradition.[147] Zu diesem Zweck publizierte er eigens eine Übersichtskarte, die neben der geschichtlichen Verankerung des Krippenbrauchs in Westfalen auch seine Verbreitung belegen sollte.[148] Archivarische Quellen zeigte er im Übrigen sowohl in der Krippenausstellung 1979/80 als auch in der Krippenausstellung 1980/81.[149] Sie dienten ihm als

145 Vgl. a) Ders.: Die Hoffnung der ganzen Welt. Die Telgter Krippen – Weihnachten 1973, in: Die Weihnachtskrippe, 41. Jb., Telgte, S. 42 ff., b) Mielenbrink, Egon: Die Weihnachtskrippe – auch 1974? Eine Fragestellung, in: Die Weihnachtskrippe, 41. Jb., Telgte 1974, S. 24 ff., c) Engemann, Karl-Heinz: Die „Sühne-Krippe" der Propsteikirche in Telgte, in: Die Weihnachtskrippe, 52. Jb., Telgte/Köln 1985, S. 27 ff.

146 Vgl. Krins, Franz: Nachrichten über Weihnachtskrippen in Westfalen, in: Rheinisch-Westfälische Zeitschrift für Volkskunde, 16. Jg., Münster 1969, S. 26 f.

147 Vgl. ders.: „Vor Hüls und Moos". Zur Geschichte der Weihnachtskrippe in Westfalen, in: Die Weihnachtskrippe, 44. Jb., Telgte/Köln 1977, S. 35 ff.

148 Vgl. ders.: Weihnachtskrippen in Westfalen. Übersichtskarte zu ihrer Geschichte, in: Die Weihnachtskrippe, 43. Jb., Telgte/Köln 1976, S. 26 f.

149 Vgl. a) Einladung zur 39. Krippenausstellung des Heimathauses Münsterland 1979/80, Archiv des Museums Relígio Dep. 156-140, b) Einladung zur 40. Krippenausstellung des Heimathauses Münsterland 1980/81, Archiv des Museums Relígio Dep. 156-143

Abb. 46: „Friedenskrippe“ von Albert Nadolle aus Münster, 1973

Beweis für die Tradition westfälischen Krippenschaffens. Als es ihm gelang, Anfang der 1980er Jahre einen weiteren Krippenkasten aus dem 19. Jahrhundert für das Museum zu erwerben, war auch dies Anlass für ihn, in einer Publikation einmal mehr auf die Historie des Krippenschaffens in Westfalen zu verweisen.[150]

Neben dem immer wiederkehrenden Thema der Weihnachtsgeschichte waren es eher einzelne Kunstwerke oder Techniken und Materialien von Kunstwerken, denen Krins seine Aufmerksamkeit in Veröffentlichungen zuwandte. Das geschah zumeist in äußerst kurzen Beiträgen. Beispiele dafür sind zwei Artikel von Krins aus den Jahren 1978 und 1981. In dem einen Fall ging es um Weihnachtsdarstellungen in westfälischen Votivgaben, in dem anderen Fall um Porzellan als Werkstoff für die Gestaltung von Krippen.[151] Einen deutlich anderen Charakter hatte die Herausgabe des Bildbandes „Alle Jahre wieder“ 1984.[152] Der Band zielte mit seinen mehrfarbigen Abbildungen von Krippen, die das Heimathaus Münsterland in den ersten 50 Jahren seines Bestehens gezeigt hatte, auf eine breite Öffentlichkeit. Er erschien in einer Auflage von 10.000 Exemplaren und wurde für das Museum zu einem großen Erfolg.

Während die Krippenausstellungen seit den 1970er Jahren geradezu einen Höhenflug erlebten, geriet anfänglich nicht nur das Museum in ein unruhiges Fahrwasser, sondern auch das Verhältnis zwischen Heimathaus Münsterland und Landesgemeinschaft

150 Vgl. Krins, Franz: Ein Krippenkasten aus dem 19. Jahrhundert. Eine Neuerwerbung für das Heimathaus Münsterland, in: Die Weihnachtskrippe, 50. Jb., Telgte/Köln 1983, S. 47 ff.

151 Vgl. a) Ders.: Zwei Westfälische Votivgaben. Sie haben Weihnachtsdarstellungen zum Inhalt, in: Die Weihnachtskrippe 1978, 45. Jb., Telgte/Köln 1978, S. 107 ff., b) Ders.: Porzellan als Werkstoff. Ein Beispiel im Telgter Heimathaus, in: Die Weihnachtskrippe, 48. Jb., Telgte/Köln 1981, S. 75

152 Vgl. Heimathaus Münsterland (Hrsg.): Alle Jahre wieder … seit 1934. Krippenausstellungen im Heimathaus Münsterland Telgte, Telgte 1984

Abb. 47: Künstlerkrippe aus 12 vollplastischen, bekleideten Figuren von Anna Fehrle aus Schwäbisch-Gmünd, um 1950

der Krippenfreunde. Die Gründe für die Schieflage lagen allerdings nicht in einem Zerwürfnis zwischen beiden Institutionen. Sie lagen vielmehr in veränderten Rahmenbedingungen, speziell in personellen Problemen, die auch die Landesgemeinschaft betrafen. So musste diese nach der Änderung der Trägerschaft des Heimathauses keineswegs nur ihren Status im Hinblick auf das Museum überdenken, sondern musste ähnlich wie das Museum auch mit einem personellen Umbruch fertig werden. Als ein besonderes Problem erwies sich dabei der krankheitsbedingte Ausfall von Hans Riepenhausen, der 1970 den Vorsitz der Landesgemeinschaft übernommen hatte und 1971/72 für knapp eineinhalb Jahre auch Leiter des Heimathauses war. Nach dem Ausscheiden von Riepenhausen aus seinen Ämtern befürchtete die Landesgemeinschaft zeitweise, das Museum als Heimstätte für die eigenen Arbeit zu verlieren.[153] Zugleich war sie führungslos.[154] Anders als das Museum drohte sie handlungsunfähig zu werden. Der VIII. internationale Krippenkongress, der im November 1973 in Köln stattfinden sollte,

153 Vgl. Kroos, Franz: Heimstatt der Krippenfreunde. Vier Jahrzehnte Heimathaus Münsterland in Telgte, in: Die Weihnachtskrippe, 41. Jb., Telgte 1974, S. 50

154 Vgl. Göcking, Dominikus: 50 Jahre Landesgemeinschaft. Ein Rückblick in ihre Geschichte, in: Die Weihnachtskrippe, 42. Jb., Telgte 1975, S. 20

musste von der Landesgemeinschaft abgesagt werden, weil es keine Möglichkeit mehr gab, die notwendigen organisatorischen Vorarbeiten zu Ende zu führen.

Die Situation entspannte sich erst mit der Wahl von Franz Kroos zum Vorsitzenden der Landesgemeinschaft. Sie erfolgte auf einer außerordentlichen Mitgliederversammlung in Telgte am 18. August 1973. Mit Kroos wurde eine Persönlichkeit Vorsitzender, die Engelmeier mehr als 10 Jahre lang versucht hatte, für eine Weiterführung des Museums in seinem Sinne zu gewinnen. Dahinter hatte angeblich die Sorge Engelmeiers gestanden, sein Lebenswerk könne in unrechte Hände geraten

> „... und würde nur ins Museale und Kunsthistorische abgleiten und das noch unter Außer-Acht-Lassung des volksfrommen Elements, des religiösen Fundaments in der Konzeption des Hauses schlechthin.“[155]

Während Engelmeier mit diesem Vorhaben scheiterte, konnte er den in Warendorf ansässigen Schriftleiter des Bistumsblattes „Kirche und Leben“ immerhin für die Bestellung zum Vorsitzenden der Landesgemeinschaft der Krippenfreunde gewinnen. Nahezu zeitgleich gelang es, für die Herausgabe der Zeitschrift „Die Weihnachtskrippe“ einen neuen verantwortlichen Redakteur, Pater Dominikus Göcking aus Münster, zu finden.[156]

In der Folge konnte das Verhältnis zwischen der Landesgemeinschaft und dem Heimathaus Münsterland wieder auf ein gesichertes Fundament gestellt werden. In einem Schreiben an die Stadt Telgte stellte Kroos klar, dass die Landesgemeinschaft mit dem Heimathaus Münsterland zwar weder institutionell noch personell verbunden sei, auch keine Unterabteilung des Hauses darstelle, aber weiterhin gewillt war, die alljährliche Krippenausstellung ideell mitzutragen. In fairer Partnerschaft – so seine Argumentation – sei eine problemlose Zusammenarbeit, auch unter den geänderten Verhältnissen, durchaus denkbar.[157]

Diese Zusammenarbeit kam auch zustande. Ihr wesentliches Kennzeichen war die Hilfestellung zum wechselseitigen Vorteil von Museum und Landesgemeinschaft. Bei den Krippenausstellungen trat die Landesgemeinschaft nach 1971 erneut mehrfach als Mitveranstalterin auf. Das Jahrbuch „Die Weihnachtskrippe“ wurde vom Heimathaus Münsterland weiter intensiv beworben. Das Museum machte damit nicht nur auf die Arbeit der Landesvereinigung, sondern auch auf die eigenen Veröffentlichungen aufmerksam. Ein Erfolg war, dass allein während der Krippenausstellung 1975/76 mehr

155 Schreiben von Franz Kroos an Amtsdirektor Hans Melchers vom 09.11.1974, Archiv des Museums Relígio – Sonderablage der Landesgemeinschaft der Krippenfreunde Mappe H

156 Vgl. Mitteilungen an die Mitglieder der Landesgemeinschaft der Krippenfreunde in Rheinland und Westfalen und Einladung zu einer außerordentlichen Mitgliederversammlung, Mai 1973, Archiv des Museums Relígio – Sonderablage der Landesgemeinschaft der Krippenfreunde Mappe H

157 Vgl. Schreiben von Franz Kroos an Amtsdirektor Hans Melchers vom 08.11.1974, Archiv des Museums Relígio – Sonderablage der Landesgemeinschaft der Krippenfreunde Mappe H

Abb. 48 u. 49: „Madonna mit Kind“ – Plakette aus Anlass des 50-jährigen Bestehens der Landesgemeinschaft der Krippenfreunde

Abb. 50: „Liegendes Christkind“ von Anneliese Degen aus Höhr-Grenzhausen, 1950er Jahre

Krippenpreis an Künstler, Laien und Kinder

TELGTE (ndm)

Vier Künstler, zwei Laien und drei Kinder(gruppen) erhalten am Fest Mariä Lichtmeß (2. Februar) im „Heimathaus Münsterland" in Telgte den Ehrenpreis des Bischofs von Münster in Höhe von 3000 DM für besondere Leistungen beim Krippenschaffen. Die Jury wählte aus über 200 Krippendarstellungen Werke von Leonie Alt aus Solingen-Gräfrath (zwei Tonplastiken), Ludwig Baur aus Telgte (Vorhänge-Fenster) Franz Kött aus Zülpich-Scherfen (Krippenstamm), Albert Reinker aus Everswinkel (grafisches Blatt „Herbergssuche"), Gerhard Pögel aus Dortmund-Westrich („Große Schneeberger Dompyramide"), Dietmar Oberhaus aus Warstein (Holztafel „Hoffnung auf Erlösung"), ferner von einer Gruppe geistig behinderter Kinder aus „Haus Hall" bei Gescher (Krippenszene aus Ytong, Bild) sowie von vier Kindern der Familie Pöschel aus Bethel (texiler Schablonendruck) und von Maria Fechtrup aus Münster (Papierkomposition der Heiligen Drei Könige) für die Preisverleihung aus.

Mit dem Fest Mariä Lichtmeß endet in Telgte auch die 34. Krippenausstellung, die wegen des großen Interesses um eine Woche verlängert und bisher von zahlreichen Kindern, Jugendlichen und Erwachsenen besucht wurde. Es wird damit gerechnet, daß insgesamt etwa 12 000 Besucher diese Ausstellung im „Heimathaus Münsterland" gesehen haben bzw. sehen werden.

Abb. 51: Westfälische Nachrichten – Lokalausgabe – vom 10.01.1975

als 230 Exemplare des Jahrbuches verkauft werden konnten.[158] 1975 feierte die Vereinigung der Krippenfreunde ihr 50jähriges Bestehen. Das Museum widmete der Landesgemeinschaft aus diesem Anlass im Rahmen der Krippenausstellung eine eigene Sonderschau.[159] Wiederholt tagte die Landesgemeinschaft in Telgte. Die Geschäftsstelle verblieb zunächst im Heimathaus Münsterland. Ein Raum für Aktenablage, Jahrbuch-Archiv, Handbücher, Foto- und Diasammlung sowie Adresskartei wurde der Landesgemeinschaft vom Museum kostenfrei zur Verfügung gestellt. Das Museum profitierte im Gegenzug von dem Ansehen und der Sachkenntnis der Vereinigung. Die Landesgemeinschaft selbst sah die Zusammenarbeit positiv. Selbstbewusst konstatierte sie, durch ihre Mitwirkung an den Advents- und Weihnachtsausstellungen des Heimathauses dem guten Image Telgtes „einen weiteren Polierstein" hinzugefügt zu haben.[160]

Während sich der Wunsch von Franz Kroos, ein Mitglied der Landesgemeinschaft in die Gremien der Heimathaus Münsterland GmbH, speziell in den Verwaltungsrat, zu entsenden, nicht erfüllte,[161] entwickelte sich bei der Vergabe des bischöflichen Ehrenpreises für vorbildliches Krippenschaffen eine enge Zusammenarbeit zwischen dem Museum und der Landesgemeinschaft der Krippenfreunde. Regelmäßig wurde Kroos als Mitglied in die Jury gewählt. Mehrfach wurde er auch zum Vorsitzenden des Auswahlgremiums bestellt. Da der Preis der einzige dieser Art im deutschen Sprachraum war, sah sich der Verein dadurch in seiner Arbeit spürbar aufgewertet. Gleichzeitig strahlte der Ehrenpreis auf die Arbeit des Museums zurück.

Die Art und Weise, in der der Preis verliehen wurde, trug nicht unerheblich zu seiner Beliebtheit in der Öffentlichkeit bei. So wurde der Preis in verschiedene Teilpreise aufgeteilt, nämlich in Preise für Arbeiten von Berufskünstlern, für Arbeiten von kunstschaffenden Laien, Arbeiten von Gemeinschaften und Arbeiten von Kindern und

---

158 Vgl. o. V.: Zahlen von der 35. Krippenausstellung, in: Die Weihnachtskrippe, 43. Jb., Telgte/Köln 1976, S. 13

159 Vgl. Katalog zur 35. Krippenausstellung des Heimathauses Münsterland 1975/76, S. 2

160 Vgl. Schreiben von Franz Kroos an Amtsdirektor Hans Melchers vom 08.11.1974, a.a.O.

161 Vgl. ebd.

Abb. 52: Westfälische Hauskrippe – Figuren von Michael Eduard Luxemburger, 1960er Jahre

Jugendlichen. Diese Aufteilung machte die Mitwirkung an den Krippenausstellungen attraktiv. Als publikumsfördernd erwies sich auch, dass die Preisverleihung jeweils in einem festlichen Rahmen stattfand. An ihr nahmen immer wieder hohe Vertreter der katholischen Kirche teil. 1978 nahm Bischof Heinrich Tenhumberg die Preisverleihung persönlich vor.[162] 1979 war es Domkapitular Graf Droste zu Vischering, der zu diesem Zweck nach Telgte kam.[163] 1980 übernahm Domkapitular Wilhelm Gertz diese Aufgabe.[164] 1981 war es Weihbischof Hermann-Josef Spital[165] und in den Jahren 1982 und 1984 Weihbischof Friedrich Ostermann[166].

Der Krippenpreis ist nach wie vor ein Preis des Bistums Münster. Das Interesse an Krippenkultur und Krippenbrauch nahm in der 1970er und 1980er Jahren aber auch auf evangelischer Seite zu. Das führte in den Gremien der Heimathaus Münsterland GmbH 1984 zu einer längeren Diskussion über eine Öffnung des Krippenpreises in

162 Vgl. Niederschrift der Sitzung der Gesellschafterversammlung der Museum Heimathaus Münsterland GmbH vom 13.12.1977, Top 6, Archiv des Museums Relígio Dep. 122

163 Vgl. Niederschrift der Sitzung der Gesellschafterversammlung der Museum Heimathaus Münsterland GmbH vom 29.01.1979, Top 4, Archiv des Museums Relígio Dep. 122

164 Vgl. Niederschrift der Sitzung der Gesellschafterversammlung der Museum Heimathaus Münsterland GmbH vom 26.02.1980, Top 6a, Archiv des Museums Relígio Dep. 123

165 Vgl. o. V.: Ehrenpreis des Bischofs von Münster für vorbildliches Krippenschaffen, in: Die Weihnachtskrippe, 48. Jb., Telgte/Köln 1981, S. 69

166 Vgl. a) Niederschrift der Sitzung des Verwaltungsrates der Museum Heimathaus Münsterland GmbH vom 26.10.1981, Top 4b, Archiv des Museums Relígio Dep. 124, b) Niederschrift der Sitzung des Verwaltungsrates der Museum Heimathaus Münsterland GmbH vom 06.02.1984, Top 6, Archiv des Museums Relígio Dep. 127

Richtung auf ein Mehr an Ökumene, d.h. auf eine Beteiligung der evangelischen Kirche an der Vergabe des Krippenpreises. Während Franz Krins als Museumsleiter Offenheit für einen solchen Schritt erkennen ließ, war die Bereitschaft dazu auf katholischer Seite gering.[167] Eine Rücksprache mit Bischof Reinhard Lettmann ergab den Wunsch, den Ehrenpreis in der vorliegenden Form beizubehalten. Stattdessen wurde das Preisgeld von 3.000 auf 5.000 DM erhöht. Zugleich wurde vorgeschlagen, den Preis künftig nach seinem Stifter Bischof-Heinrich-Tenhumberg zu benennen. Das Museum folgte dieser Anregung.[168] Das ökumenische Anliegen wurde damit zurückgestellt, die enge Bindung des Heimathauses Münsterland an die katholische Kirche einmal mehr dokumentiert.

167 Vgl. Niederschrift der Sitzung des Verwaltungsrates der Museum Heimathaus Münsterland GmbH vom 06.02.1984, a.a.O.

168 Vgl. Niederschrift der Sitzung des Verwaltungsrates der Museum Heimathaus Münsterland GmbH vom 18.09.1984, Top 2, Archiv des Museums Relígio Dep. 127

Ein eigenes Krippenmuseum

Abb. 53: Erzengel Michael auf dem Dach der ehemaligen Pastoratsscheune

Mitte der 1980er Jahre war Zufriedenheit mit dem Geleisteten das herausragende Merkmal im Urteil über das Heimathaus Münsterland. Das mit Ausnahme der Erinnerung an Kardinal von Galen noch aus den Gründungsjahren stammende Konzept stand nicht zur Diskussion. An den beiden Säulen des Museums „ländliche Handwerks- und Wohnkultur“ sowie „religiöse Volkskunst“ wurde nicht gerüttelt. Zur „religiösen Volkskunst“ zählte neben dem Wallfahrtsgeschehen und der Marienverehrung wie selbstverständlich die Präsentation von Krippen.

Abb. 54: „Verkündigung an die Hirten" von Tisa von der Schulenburg, 1980er Jahre

Lebendigkeit, Lebensnähe und Fluidum des Heimathauses Münsterland standen dabei außer Zweifel.[169] Dem Museum als weithin bekannter

> „Institution von liebenswürdigem, gleichwohl bestimmendem Wesen mit einem starken Charakter eigener Prägung, vergleichbar einer lebenserfahrenen, altehrwürdigen Dame, warmherzig, doch auch respektgebietend"[170]

wurde eine gesicherte Zukunft unterstellt. Das bedurfte, so schien es zumindest, keiner weiteren Erörterung.

Die Veränderungen des religiösen Umfelds, nachlassende Kirchenbindung und Pluralisierung der Glaubensvorstellungen, spielten für die Sichtweise auf das Museum keine Rolle. Dabei waren diese Veränderungen durchaus schwerwiegend. Sie waren auch nicht auf Telgte beschränkt, sondern betrafen die Gesellschaft weit über das Münsterland hinaus in ihrer ganzen Breite. Selbst wenn die Religiosität insgesamt nicht kleiner wurde, sie veränderte und verlagerte sich.[171] Das Heimathaus Münsterland als

---

169 Vgl. Pieper, Paul: Das Heimathaus Telgte in Vergangenheit und Gegenwart. Festvortrag anlässlich der Eröffnung des Erweiterungsbaus des Heimathauses am 15.06.1983, S. 12, Archiv des Museums Relígio Dep. 142

170 Ostendorf, Thomas: Alle Jahre wieder, in: Katalog zur 46. Krippenausstellung des Heimathauses Münsterland 1986/87, S. 5

171 Vgl. Gabriel, Karl: Christentum zwischen Tradition und Postmoderne, Frankfurt/Basel/Wien 1992, S. 157

katholisch geprägte Institution verschloss sich diesem Wandel der Gesellschaft nicht, griff ihn in seiner Konzeption aber auch nicht auf.

Dr. Thomas Ostendorf, seit dem 1. März 1985 Nachfolger von Franz Krins als Museumsleiter, betonte folgerichtig, mit seiner Arbeit an die bewährte Tradition des Hauses anknüpfen zu wollen. Er hielt sich in der Folgezeit an dieses Versprechen. Grundlegende Veränderungen in der Aufgabenwahrnehmung erfolgten nicht. Die Professionalisierung der Museumsarbeit wurde jedoch weiter vorangetrieben. Neben Ausstellungen zur religiösen Volkskunde wurden weiterhin Schauen zur ländlichen Handwerks- und Wohnkultur gezeigt. Gleichzeitig suchte der neue Museumsleiter das Heimathaus stärker noch als in der Vergangenheit in das kulturelle Leben Telgtes einzubinden. 1988 zeigte das Heimathaus gleich drei Ausstellungen, die sich mit dem 750-jährigen Stadtjubiläum befassten. Besondere Akzente setzte Ostendorf in den ersten Jahren seiner Tätigkeit zudem mit Ausstellungen über das Leben und Werk einzelner Künstler, darunter Tisa von der Schulenburg, Hans und Erika Dinnendahl sowie Wilhelm Palmes.[172]

Schwerpunkt der Arbeit des Museums war und blieb die Präsentation der religiösen Kultur und des religiösen Brauchtums. Auch hier bewegte sich der neue Museumsleiter in den Bahnen des Überlieferten. Mit seinem besonderen Engagement im Bereich der Krippenkultur und des Krippenbrauches setzte er allerdings nicht nur neue Akzente, sondern beschritt auch den Weg zu einem eigenständigen Krippenmuseum neben dem Heimathaus Münsterland.

Ausschlaggebend für diese Zweigleisigkeit war das große persönliche Interesse Ostendorfs an der Beschäftigung mit der Weihnachtskrippe. In ihr sah er nicht nur eine überzeugende Verkündigung christlichen Glaubens, sondern auch eine mächtige Demonstration lebendiger Volkskunst. Für ihn gab es kein weiteres Motiv, das in vergleichbarer Weise

> „... eine schöpferische Ausgestaltung erfahren hat und noch immer erfährt und dabei originär in wechselnden, zeitgemäßen Bildern im ‚Volk' immer wieder neu entsteht und in der künstlerischen Darstellung ‚volkstümlich' bleibt."[173]

Veränderungen im Krippenschaffen waren für Ostendorf eine Selbstverständlichkeit. Er sah darin nicht nur eine Konstante, sondern auch einen gesellschaftlichen Lehrmeister. So seien die unterschiedlichen Krippendarstellungen durchaus geeignet, dem Betrachter den Wandel in der Gesellschaft zu verdeutlichen und ihm darüber hinaus die Bedingtheit seiner eigenen gesellschaftlichen Existenz und seines kulturellen Handelns vor Augen zu führen. Krippe und Weihnachten ließen sich nicht von der sozialen Realität und ihren Veränderungen loslösen, sondern seien stets mitwirkend darin

---

172 Vgl. Robert, Rüdiger: Mehr als ein Versprechen. Vom Heimathaus Münsterland zum Museum Relígio, a.a.O., S. 212 f.

173 Ostendorf, Thomas: Die Beschäftigung mit der Weihnachtskrippe. 65 Jahre Landesgemeinschaft, in: Die Weihnachtskrippe, 56. Jb., Telgte/Köln 1990, S. 8

Besucherinnen und Besucher des Heimathauses Münsterland 1985/86 bis 1993/94

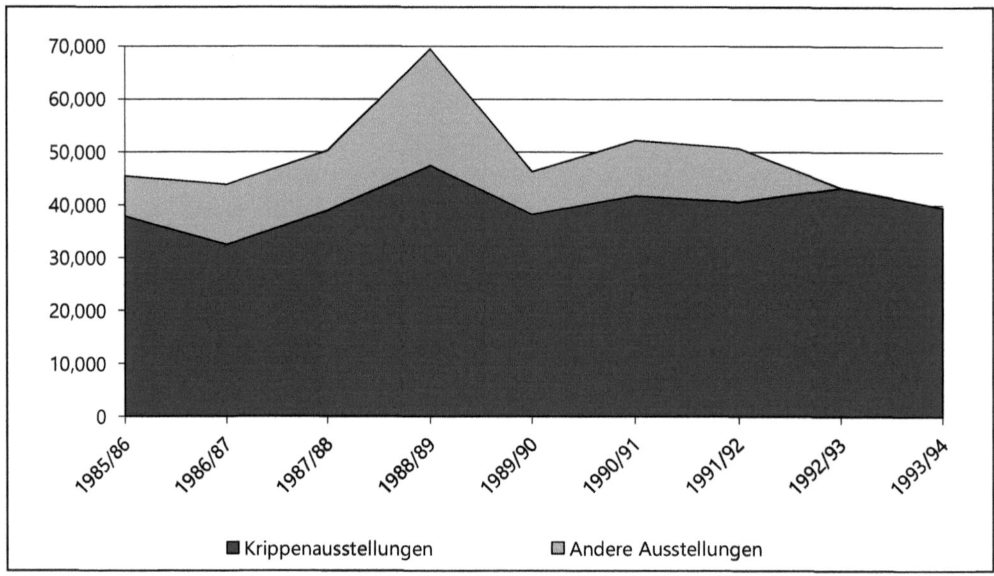

Erläuterung: Zuordnung des Monats Januar jeweils zum Vorjahr – Statistische Angaben des Museums Relígio

eingebunden.[174] Wandel wurde mit anderen Worten als Normalität und nicht als Bruch gesehen.

Die Krippenausstellungen des Heimathauses Münsterland wurden in den Jahren 1985/86 bis 1993/94 in unveränderter Weise fortgeführt. Die Hoffnungen auf einen starken Besucherzustrom erfüllten sich. Über 440.000 Gäste strömten in dieser Zeit in das Museum. Publikumsmagnet waren die Krippenschauen. 360.000 Frauen, Männer und Kinder kamen einzig und allein in das Museum, um eine der neun Krippenausstellungen zu sehen. Ihr Anteil lag bei rund 82 Prozent aller Besucherinnen und Besucher. Das war ein Rekordwert, auch wenn umbaubedingte Einschränkungen bei den Sonderausstellungen jenseits der Krippenausstellungen 1992/93 und 1993/94 berücksichtigt werden müssen.

Der Erfolg der Krippenschauen war umso bemerkenswerter, als sie ihr Alleinstellungsmerkmal längst verloren hatten. 1987 gab es zur Advents- und Weihnachtszeit bereits mehr als 28 Krippenschauen in Westfalen.[175] Hinzu kam eine Vielzahl vergleichbarer Ausstellungen in anderen Teilen Deutschlands – etwa im Rheinland. Bedeutsam war hier insbesondere die „Krippana". In Losheim in der Eifel nahe der Grenze zu

174 Vgl. ebd.

175 Vgl. Niederschrift der Sitzung der Gesellschafterversammlung der Museum Heimathaus Münsterland GmbH vom 07.12.1987, Top 5, Archiv des Museums Relígio Dep. 130

Abb. 55: „Heilige Familie“ von Karl Heinz Kellers aus Münster, Blockkrippe, Ende der 1980er Jahre

Belgien gelegen entwickelte sie sich mit mehr als 2.500 qm Ausstellungsfläche zu einer der größten, ganzjährig geöffneten Krippenausstellungen in Europa.[176]

Die Ursachen für den weiter anschwellenden Zustrom zu den Krippenausstellungen des Museums gaben Anlass zu Spekulationen. Ein Grund könnte das gewachsene Interesse an Krippenkultur und Krippenbrauch auf evangelischer Seite gewesen sein. Die Zahl der Museumsbesucherinnen und Museumsbesucher, die als Konfession evangelisch abgaben, war jedenfalls hoch.[177] Längst gehörte mit Diethelm Röhnisch auch ein evangelischer Pfarrer dem Beirat der Landesgemeinschaft der Krippenfreunde an. In der Zeitschrift „Die Weihnachtskrippe“ veröffentlichte er wiederholt Beiträge zum Krippenwesen. Dem Gedanken der Ökumene folgend wurde in die Vergabe des Ehrenpreises des Bischofs von Münster für vorbildliches Krippenschaffen schließlich auch die evangelische Seite eingebunden. Sie erhielt Sitz und Stimme in der vom Verwal-

176 Vgl. o. V.: Krippana – Die große internationale Kirchenkrippenausstellung im neuen Domizil, in: Die Weihnachtskrippe. 56. Jb., Telgte/Köln 1990, S. 104 f.

177 Vgl. Ostendorf, Thomas: Einführung, in: Katalog zur 45. Krippenausstellung des Heimathauses Münsterland 1985/86, S. 6

Abb. 56: Kapellenkrippe von Stefan Linne aus Bad Waldliesborn, 1988

tungsrat der Heimathaus GmbH gewählten Jury. Als alleiniger Erklärungsgrund für die Anziehungskraft der Krippenausstellungen reichte der Verweis auf das evangelische Interesse aber keineswegs aus.

Nicht überzeugend war auch die These von einer tiefer liegenden religiös-gesellschaftlichen Ursache, die die katholische Seite betraf. Der Hinweis auf Reformen der katholischen Kirche in der Folge des 2. Vatikanischen Konzils war allzu unspezifisch, um nachvollziehbar zu sein.[178] Ein Grund könnte jedoch – wie erwähnt – in der Entwicklung des Weihnachtsfestes von einem kirchlichen Hochfest zu einem bürgerlichen, die Geborgenheit der Familie betonenden Fest gelegen haben. Ob der Gegensatz zwischen dem im Alltag beobachtbaren Verfall familiärer Bindungen und der Idealisierung der Heiligen Familie „als auf sich selbst bezogen, in sich selbst beständig und nach

178 Vgl. ders.: Eine unendliche Geschichte, in: Katalog zur 48. Krippenausstellung des Heimathauses Münsterland 1988/89, S. 5 ff.

Abb. 57: Wandbild von Monika Dinnendahl aus Telgte, 1989

außen hin abgeschlossen“ [179] dabei von Bedeutung war, ist unklar. Denkbar ist aber, dass die Suche nach dem Vorbild einer mustergültigen Familie für den Museumsbesuch eine Rolle gespielt hat.

Eine letztendliche Antwort auf die Frage nach den Ursachen für den Zustrom von Besucherinnen und Besuchern zu den Krippenausstellungen ist kaum möglich. Was jedoch offensichtlich stimmte, war das Verhältnis von Angebot und Nachfrage. Für das Heimathaus Münsterland ergab sich daraus unverändert der Auftrag

> „mit vorbildlichen Weihnachtskrippen das (volks-)künstlerische Krippenschaffen in Westfalen zu befruchten und zu beleben, es in einem stimmungsvollen Überblick vorzustellen, durch die vielfältige Auffassung des Weihnachtsthemas eine ausdrückliche Aussage christlichen Glaubens zu machen und nicht zuletzt den betrachtenden Menschen Freude zu bereiten.“[180]

Auf der Seite der Aussteller und Leihgeber stieß diese Zielsetzung auf ebenso großes Interesse wie bei den Besucherinnen und Besuchern des Museums. Die Zahl der Krippenschaffenden, die sich an den Ausstellungen beteiligten, stieg permanent. 1985/86 waren es 183 Krippenschaffende, die ihre Werke präsentierten. Das war seinerzeit ein Rekord, der in den Folgejahren allerdings noch übertroffen wurde. Zwei Drittel der Teilnehmenden an der Krippenschau waren Mitte der 1980er Jahre weiblich. Lediglich 76 Teilnehmer waren erwerbstätig. 135 Aussteller bzw. Ausstellerinnen waren kunstschaffende Laien. 15 professionelle Künstler beteiligten sich an der Ausstellung. Hinzu

179 Ebd. S. 8
180 Ders.: Alle Jahre wieder, a.a.O., S. 5

kamen 32 Kinder und Jugendliche mit ihren Arbeiten. Die Krippenschaffenden waren überwiegend zwischen 40 und 65 Jahre alt. Die Frauen, die mit ihrer zahlenmäßigen Stärke und Geschlossenheit die Ausstellung dominierten, waren zumeist Hausfrauen, die sich als Laienkünstlerinnen betätigten. Zu über 75 Prozent befanden sie sich in der Altersgruppe der über 40-Jährigen.[181]

Die Krippenausstellung 1985/86 zeigte 175 Hauskrippen, acht Kirchenkrippen und 24 Bilder mit Weihnachtsdarstellungen.[182] Diese Relation änderte sich auch in den folgenden Ausstellungen kaum. Was sich jedoch veränderte, war die Art und Weise der Krippendarstellungen. Viele dieser Darstellungen setzten die Weihnachtsgeschichte nun nicht mehr nur nacherzählend in Szene, sondern befassten sich unter bestimmten thematischen Gesichtspunkten mit dem Ereignis der Menschwerdung Gottes und seiner Bedeutung für den Menschen in der Moderne. Das Krippenschaffen wurde dadurch individueller, vielfältiger, aber auch künstlerisch eigenwilliger. Das Bemühen um eine Auslegung des religiösen Gehalts der Geburt Christi, die neuzeitlichem Empfinden entsprach, galt dabei als Gewinn, weil es dem Verständnis vieler Menschen von Weihnachten angeblich eher gerecht wurde als eine bloße Wiedergabe des Überlieferten.[183]

Gleichzeitig – so schien es zumindest – rückten zeitgenössische und zeitkritische Krippendarstellungen nochmals ein Stück näher zusammen. Auch wenn sie zahlenmäßig weiterhin nicht die Krippenschauen dominierten, fanden sie doch ein großes Echo in der Öffentlichkeit. Das galt 1987/88 insbesondere für die Krippe „Weihnachten im Männer-Asyl".[184] Geschaffen von einer Wohngruppe für Nichtsesshafte in Paderborn verlegte sie die Geburt Christi in ein heruntergekommenes Asyl für obdachlose Männer, die der Heiligen Familie eine Herberge boten. Wegen ihrer außergewöhnlichen Aussagekraft wurde sie mit dem Ehrenpreis des Bischofs von Münster ausgezeichnet. „Als Obdachlosenkrippe" fand sie Anklang und Anerkennung von Berlin bis München.[185] Ein Jahr später war es eine Darstellung, die unter der Bezeichnung „Weihnachten vor der Tür" auf sich aufmerksam machte. Die Krippe verwies eindringlich auf das Spannungsverhältnis zwischen dem Wohlstand und der Unbeschwertheit bürgerlicher Weihnacht hierzulande und der Not von Flüchtlingen und Umsiedlern aus Osteuropa, speziell der DDR.[186] 1991/92 war es eine von Kapuzinermönchen aus Münster geschaffene Krippe „Bethlehem ist überall", die daran zu erinnern suchte, dass das Krippengeschehen sich überall ereignen kann – auch in Münsters Innenstadt mit seinen noblen Geschäften und seiner Hektik. Die Frage war nur, ob in all dem Rummel am Prinzipalmarkt tatsächlich noch wahrzunehmen war, dass Christus

181 Vgl. ders.: Einführung, a.a.O., S. 7
182 Vgl. ebd.
183 Vgl. ders.: Die Vielfalt der Hauskrippe, S. 5ff., in: Katalog zur 47. Krippenausstellung des Heimathauses Münsterland 1987/88
184 Vgl. Wolter, Klaus Jürgen: Heiligabend im Männer-Asyl, in: Katalog zur 47. Krippenausstellung des Heimathauses Münsterland 1987/88, S. 46ff.
185 Vgl. ders.: Weihnachten vor der Tür, in: Katalog zur 49. Krippenausstellung des Heimathauses Münsterland 1989/90, S. 37
186 Vgl. ebd. S. 37ff.

Abb. 58: „Weihnachten im Männerasyl", Krippe einer Wohngruppe von Nichtsesshaften des Prälat-Braekling-Hauses in Paderborn, 1986

Abb. 59: „Bethlehem ist überall" – Gemeinschaftsarbeit von Kapuzinermönchen aus Münster, 1991

Abb. 60: Sonderschau Weihnachtslieder 1986/87

für die Menschen eine Rolle spielt.[187] Mit der Krippe „Alle Kinder dieser Erde“ warb die Aachener Künstlerin Berta Kals in derselben Ausstellung für eine Gemeinschaft, in der einst alle Völker an gedeckten Tischen sitzen, die den Erdball bedrohenden Waffen auf dem Schrotthaufen der Geschichte landen und anstelle von Macht Friedensversprechungen herrschen sollten.[188]

Wie in der Vergangenheit setzte das Museum zusätzliche Akzente, die die Krippenausstellungen bereichern und attraktiv machen sollten. 1986/87 wurden in einer Sonderschau Weihnachtslieder präsentiert. Neben dem bekanntesten aller Lieder „Stille Nacht, heilige Nacht“ waren es andere Weihnachtslieder aus dem 19. Jahrhundert, die nicht nur in Form von Titelzeichnungen und Notenblättern, sondern auch

187 Vgl. Ostendorf, Thomas: Bethlehem ist überall, in: Katalog zur 51. Krippenausstellung des Heimathauses Münsterland 1991/92, S. 9 f.

188 Vgl. ebd. S. 15 f.

Abb. 61: „Margarinekrippe" – Stall aus dem Münsterland

in historischen Tondokumenten vorgestellt wurden.[189] Im darauf folgenden Jahr waren es „Margarinekrippen" aus der Zeit der frühen 1950er Jahre, die Erinnerungen an Kinder- und Jugendtage wecken sollten.[190] Und noch ein Jahr später war es die Philatelie, mit deren Hilfe ein Einblick in die weltweit unterschiedliche Betrachtung der Geburt Christi in Form von Briefmarken, Sonderstempeln und anderen postalischen Belegen gegeben wurde.[191] 1989/90 waren es Ausschneide- und Modellierbögen, die die Geschichte der Papierkrippen und ihrer Verbreitung beleuchten sollten.[192]

Zeichen setzte das Heimathaus Münsterland auch immer wieder mit der Präsentation von Krippen aus anderen Teilen Deutschlands und Europas. Sie dienten der Veranschaulichung der Vielfalt des Krippenschaffens. Hier bewegte sich das Museum ganz in der Tradition vorausgegangener Krippenausstellungen. Zumeist waren es Einzelstücke, die in kontrastierender Absicht zum westfälischen Krippenschaffen gezeigt wurden. Sie kamen sowohl aus dem Rheinland als auch aus Sachsen, aber auch aus dem Norden und dem Süden Deutschlands. Eine Besonderheit waren 1986/87 Leihgaben aus dem Tiroler Volkskunstmuseum in Innsbruck.[193] 1991/92 war es eine kleine Sammlung von

---

189 Vgl. ders.: Alle Jahre wieder, a.a.O., S. 5 ff.

190 Vgl. Engemann, Karl-Heinz: Krippenfiguren als Zugabe. Die „Margarine-Figürchen", in: Katalog zur 47. Krippenausstellung des Heimathauses Münsterland 1987/88, S. 29 ff.

191 Vgl. Koensler, Franz Josef: Die Weihnachtsgeschichte in aller Welt. Eine philatelistische Betrachtung, in: Katalog zur 48. Krippenausstellung des Museums Relígio 1988/89, S. 10 ff.

192 Vgl. Ostendorf, Thomas: „Baby macht heia", in: Katalog zur 49. Krippenausstellung des Heimathauses Münsterland 1989/90, S. 12

193 Vgl. ders.: Alle Jahre wieder, a.a.O., S. 8

Abb. 62: Tiroler Krippe aus Zirbelkiefer von Romed Speckbacher dem Älteren aus Thaur

Weihnachtskrippen aus Polen, die die Ausstellung bereicherte.[194] Krippenarbeiten aus anderen Kontinenten – etwa aus Afrika – blieben eher eine Ausnahme.

Fester Bestandteil der Krippenausstellungen war zu dieser Zeit noch die Präsentation historischer Krippen. Sie wurden in vergleichender und kontrastierender Absicht dem zeitgenössischen Krippenschaffen gegenübergestellt. 1989/90 wurden neben Kirchenkrippen und Kirchenfiguren besondere Hauskrippen aus dem 19. Jahrhundert gezeigt. Unter den Exponaten befand sich auch eine Weihnachtskrippe aus der Pfarrkirche St. Dionysius in Recke mit 18 vollplastischen Figuren aus Wachs. Eine Besonderheit war die Darstellung des mit einem rituellen Gewand bekleideten Mohels, welcher nach jüdischer Tradition die männlichen Neugeborenen am achten Lebenstag beschneidet. 1990/91 bot die 50. Krippenausstellung als Jubiläumsausstellung willkommenen Anlass für eine groß angelegte Retrospektive auf die Advents- und Weihnachtsausstellungen des Heimathauses Münsterland. In einer historischen Abteilung wurden die ältesten erhaltenen Krippen aus dem Münsterland zusammengetragen. Diese Schau alter Krippenkästen und Figuren aus dem 18. und 19. Jahrhundert galt als einmalig. Gleichzeitig

194 Vgl. ders.: Bethlehem ist überall, a.a.O., S. 18

Abb. 63: Figuren aus der Weihnachtskrippe der Pfarrkirche St. Dionysius in Recke, um 1840

wurde in einer weiteren Abteilung ein Überblick über das Krippenschaffen in Westfalen seit der Gründung des Museums im Jahr 1934 gegeben.[195]

Neben der Ausstellungstätigkeit wurde die wissenschaftliche Auseinandersetzung mit der Krippenkultur und dem Krippenbrauch unter Ostendorf konsequent fortgesetzt. Das betraf zum einen die Sammlung historischer Krippen, zum anderen die Auseinandersetzung mit der zeitgenössischen Krippenkunst und dem Krippenbrauchtum. Die Krippenkataloge erhielten ein neues, ansprechendes Gesicht. Neben dem Verzeichnis der jeweiligen Aussteller und Leihgeber wurden zusätzliche Beiträge und Kommentierungen in die Kataloge aufgenommen. Zudem wurden sie aufwendig bebildert. Auf diese Weise wurden die Kataloge erstmals auch für Besucherinnen und Besucher des Museums attraktiv. Jenseits der wissenschaftlichen Arbeit leistete das Heimathaus Münsterland damit einen maßgeblichen Beitrag zur Vermittlung des gewonnenen Wissens an die Öffentlichkeit. Das galt auch für die Veröffentlichungen in der „Weihnachtskrippe", dem Publikationsorgan der Landesgemeinschaft der Krippenfreunde in Rheinland und Westfalen. Zum Teil wurden dabei Themen behandelt, die auch Gegenstand der Krippenkataloge waren, zum Teil waren es anderweitige Themen. Zu diesen zählten nicht zuletzt zwei Beiträge, die sich mit der Errichtung eines eigenen Krippenmuseums

195 Vgl. ders.: Die Krippenausstellungen im Heimathaus Münsterland, in: Katalog zur 50. Krippenausstellung des Heimathauses Münsterland 1990/91, S. 41

Abb. 64: Weihnachtskrippe aus Weymouth-Kiefer – Mittelgruppe – von Karl Heinz Stoll aus Bayersoien, 1988

neben dem Heimathaus Münsterland befassten. Gedacht war das Museum als eine zweite Säule der Pflege und Präsentation der Krippenkultur und des Weihnachtsbrauchs in Telgte.[196]

Der Anstoß, aus dem „Adam" der Krippenausstellungen eine „Rippe" auszuschneiden und dadurch die „Eva" eines Krippenmuseums entstehen zu lassen,[197] kam offiziell von der Landesgemeinschaft der Krippenfreunde. Den maßgeblichen Impuls dazu gab jedoch Thomas Ostendorf. Er wirkte im Kontext dieses Vorhabens als unverzichtbare Klammer zwischen der Landesgemeinschaft und dem Heimathaus. Stärker noch als Paul Engelmeier und Hans Riepenhausen wusste er die beiden Institutionen zusammenzuführen. Bereits kurz nach seiner Bestellung zum Museumsleiter ließ er sich

---

196 Vgl. a) Ders.: Ein Krippenmuseum der Krippenfreunde, in: Die Weihnachtskrippe, 57. Jb., Telgte/Köln 1991, S. 52 ff., b) Ders.: Vom Krippenmuseum, dem Weltkongress und der Landesgemeinschaft, in: Die Weihnachtskrippe, 58. Jb., Telgte/Köln 1993, S. 5 ff.

197 Vgl. ders.: Das Krippenmuseum in Telgte, in: Die Weihnachtskrippe, 60. Jb., Telgte/Köln 1996, S. 30

Abb. 65: „Weihnachten“ – Klöppelspitze von Elisabeth Althaus aus Münster, 1987

– gemeinsam mit seinem Amtsvorgänger Franz Krins – als Beisitzer in den Vorstand der Landesgemeinschaft wählen. Ein Jahr später – 1987 – übernahm er als Nachfolger von Friedrich Jansen den Vorsitz. Seinerzeit zählte die Landesvereinigung der Krippenfreunde rund 500 Mitglieder.[198] Noch im selben Jahr wurde die Geschäftsstelle von der Krippana in der Eifel nach Telgte zurückverlegt. Die zentrale Anlaufstelle der Landesgemeinschaft befand sich damit erneut im Heimathaus Münsterland. Die fortgesetzte Mitwirkung an der Vergabe des bischöflichen Ehrenpreises für vorbildliches Krippenschaffen und die Vorbereitung des 15. internationalen Krippenkongresses in Köln 1996 banden Landesgemeinschaft und Museum zusätzlich aneinander. Als Ostendorf 1992 Präsident des Weltverbandes der Krippenfreunde – Universalis Foederatio Praesepistica – wurde, schweißte auch das die Landesgemeinschaft mit dem Heimathaus Münsterland zusammen.[199]

Der Beweggrund für das Streben nach einem eigenen Krippenmuseum ergab sich aus der Erfolgsgeschichte der Krippenausstellungen des Museums. Das starke Engagement in Sachen „Weihnachtskrippe“ wurde als wegweisend angesehen:

---

198 Vgl. Niederschrift der Mitgliederversammlung der Landesgemeinschaft der Krippenfreunde in Rheinland und Westfalen vom 29.11.1987, Akten der Landesgemeinschaft im Museum Relígio

199 Vgl. Robert, Rüdiger: Mehr als ein Versprechen. Vom Heimathaus Münsterland zum Museum Relígio, a.a.O., S. 214

Abb. 66: Figurenkrippe aus rotem Ton von Berta Kals aus Aachen-Haaren, um 1990

> „Wenn es heute eine eigenständige Krippenkunst in Westfalen gibt, ist dies vom Heimathaus Münsterland bewirkt worden, das dem künstlerischen Krippenschaffen stets ein Forum war."[200]

Die Schlussfolgerung daraus war nicht, das Heimathaus Münsterland in ein Krippenmuseum umzuwandeln, sondern zusätzlich ein Krippenmuseum zu errichten, das ganzjährig

> „... anhand ausgesuchter Exponate die Geschichte der Weihnachtskrippe erzählt, das vielfältige und faszinierende zeitgenössische Krippenschaffen von Künstlern und Laien darstellt und in eine begeisternde Sammlung internationaler Krippenkunst einbettet, wobei im kulturellen Vergleich sowohl die gestalterischen Besonderheiten der einzelnen Länder als insbesondere auch die beeindruckende Universalität der biblischen Weihnachtsbotschaft offenkundig werden."[201]

Ergänzend zu den zeitlich und räumlich begrenzten Krippenausstellungen des Heimathauses sollte das Krippenmuseum also in einer Dauerausstellung die historischen Zeugnisse der westfälischen Krippenkultur, den geschichtlichen Wandel der Krippen im Zusammenhang mit gesellschaftlichen Entwicklungen, die Entstehung der westfälischen Krippenkultur und ihre Besonderheit im Vergleich mit anderen Regionen und

200 Kirsch, Wolfgang: Vorwort, in: Krippenkatalog zur 50. Krippenausstellung des Heimathauses Münsterland 1990/91, S. 7

201 Schreiben der Landesgemeinschaft der Krippenfreunde in Rheinland und Westfalen an die NRW-Stiftung vom 18.12.1989, S. 2, Archiv des Museums Relígio Dep. 245

Kulturen zeigen.[202] Über den Bereich der Schausammlung hinaus sollte sich das geplante Museum zu einem Kompetenzzentrum für Krippenkultur und Krippenbrauch in Norddeutschland entwickeln. Gedacht war an eine Akademie der Volkskunst, an einen Ort der forschenden Auseinandersetzung mit dem Krippenwesen. Manifestieren sollte sich das in einer Vielzahl von Seminaren, Kursen, Tagungen und Vorträgen für alle Krippeninteressierten.[203]

Im Dezember 1989 wandte sich die Landesgemeinschaft der Krippenfreunde mit einem Förderantrag zur Errichtung des Krippenmuseums an die Nordrhein-Westfalen-Stiftung für Naturschutz, Heimat- und Kulturpflege. Vorausgegangen waren Beratungen im Verwaltungsrat der Heimathaus Münsterland GmbH. Dabei hatten die Träger des Museums grundsätzliches Interesse an dem Vorhaben bekundet, im Hinblick auf etwaige finanzielle Verpflichtungen aber Zurückhaltung erkennen lassen. Nach einer ersten positiven Resonanz von Seiten der NRW-Stiftung zeichnete sich die Realisierbarkeit des Projekts mit zusätzlicher Unterstützung durch das Museumsamt des Landschaftsverbandes Westfalen-Lippe ab.[204] Von Seiten des Heimathauses wurde daraufhin ein umfassendes Nutzungs- und Finanzierungskonzept für das Krippenmuseum erstellt. Am 3. Juli 1990 stellte die Landesgemeinschaft der Krippenfreunde im Einvernehmen mit der Heimathaus Münsterland GmbH einen Antrag auf vollständige Kostenübernahme für die Errichtung des Krippenmuseums durch die NRW-Stiftung.[205]

Nach Vorberatung im Stiftungsvorstand am 8. August 1990 und Beratung im Stiftungsrat unter dem Vorsitz von Ministerpräsident Johannes Rau am 3. Dezember 1990 erteilte die NRW-Stiftung am 10. Januar 1991 den gewünschten Förderbescheid.[206]

Das Gebäude des künftigen Krippenmuseums sollte im Eigentum der NRW-Stiftung verbleiben.[207] Mit dieser Klarstellung war aber weder für die Landesgemeinschaft der Krippenfreunde noch für das Heimathaus Münsterland die Übernahme von Rechten und Pflichten im Hinblick auf das neue Museum geklärt. Hier bedurfte es weiterer Regelungen. Soweit es die Bewirtschaftung und die Unterhaltung des Krippenmuseum betraf, wurden sie schließlich dem Heimathaus Münsterland übertragen. Auch wenn dieser Schritt sinnvoll war, ergaben sich daraus für das Museum doch Probleme.

---

202 Vgl. Kirsch, Wolfgang: Vorwort, in: Katalog zur 55. Krippenausstellung des Heimathauses Münsterland 1995/96, S. 7

203 Vgl. Schreiben der Landesgemeinschaft der Krippenfreunde in Rheinland und Westfalen in Verbindung mit der Museum Heimathaus Münsterland GmbH an die NRW-Stiftung vom 03.07.1990, S. 2, Archiv des Museums Relígio Dep. 953

204 Vgl. Ortstermin der Landesgemeinschaft der Krippenfreunde mit Vertretern der NRW-Stiftung in Telgte am 18.05.1990, Archiv des Museums Relígio Dep. 245

205 Vgl. Schreiben der Landesgemeinschaft der Krippenfreunde in Rheinland und Westfalen in Verbindung mit der Museum Heimathaus Münsterland GmbH an die NRW-Stiftung vom 03.07.1990, a.a.O.

206 Vgl. Schreiben der NRW-Stiftung an die Landesgemeinschaft der Krippenfreunde in Rheinland und Westfalen vom 10.01.1991, Archiv des Museums Relígio Dep. 246

207 Im März 1993 wurde der Museum Heimathaus GmbH von der NRW-Stiftung allerdings für 99 Jahre ein Erbbaurecht auf dem für das Krippenmuseum vorgesehenen Grundstück eingeräumt. Vgl. Erbbaurechtsvertrag vom 01.03.1993, Archiv des Museums Relígio Dep. 248

Abb. 67: Krippenszene aus einer Tonschüssel geformt von Helga Hauck aus Rüthen, 1979

Sie betrafen zum einen die laufenden Kosten für das Krippenmuseum. Sie beliefen sich auf rund 250.000 DM pro Jahr.[208] Gemessen an dem seinerzeitigen jährlichen Aufwand für das Heimathaus Münsterland von etwa 550.000 DM war das eine große Summe.[209] Akzeptiert wurde sie nur, weil damit das Versprechen einer vollständigen Übernahme der für das Krippenmuseum erforderlichen Investitionen verbunden war. Zum anderen schränkte die Trägerschaft des neuen Museums die Möglichkeiten ein, notwendige strukturelle Verbesserungen am Heimathaus Münsterland vorzunehmen. Die Planungen dazu lagen vor. Bedingt durch das Krippenmuseum mussten die Investitionen von 3,0 auf 1,7 Mio. DM zusammengestrichen werden.[210] Gleichzeitig wurden die Maßnahmen über mehrere Jahre gestreckt. Vorrang erhielt die Schaffung eines neuen Eingangsbereichs zwischen dem Böhm-Bau von 1937/38 und dem Bernd-Kösters-Erweiterungsbau von 1983.[211]

---

208 Vgl. Niederschrift der gemeinsamen Sitzung des Verwaltungsrates und der Gesellschafterversammlung der Museum Heimathaus Münsterland GmbH vom 19.6.1990, Top 1, Archiv des Museums Relígio Dep. 245

209 Vgl. a) Wirtschaftsplan des Heimathauses Münsterland für das Jahr 1991, Archiv des Museums Relígio Dep. 246, b) Wirtschaftsplan des Heimathauses Münsterland für das Jahr 1992, Archiv des Museums Relígio Dep. 247

210 Vgl. Aktennotiz des Westfälischen Museumsamtes vom 05.11.1992, Archiv des Museums Relígio Dep. 953

211 Vgl. Münstersche Zeitung vom 16.10.1992, Archiv des Museums Relígio Dep. 913

Abb. 68: Neu geschaffener Eingangsbereich des Heimathauses Münsterland

Probleme waren auch mit der Einbindung der Landesgemeinschaft der Krippenfreunde in das Krippenmuseum verbunden. Einerseits war die Gemeinschaft als landesweit agierende Institution für die Antragstellung bei der NRW-Stiftung unverzichtbar, andererseits war ihr Bestand als privatrechtliche Vereinigung für die Zukunft nicht zweifelsfrei gesichert. Die Stiftung machte die Förderung des Krippenmuseums deshalb von der Gewährung einer Ausfallbürgschaft durch eine öffentlich-rechtliche Institution abhängig. Auf diese Weise sollte nicht nur die langfristige Nutzung des Museums im Sinne der Stiftungssatzung sichergestellt werden, sondern im Falle einer Auflösung der Landesgemeinschaft auch eine Übernahme der Folgekosten garantiert sein. Die Gremien des Heimathauses Münsterland empfahlen dem Kreis Warendorf und der Stadt Telgte deshalb im März 1992, eine von der NRW-Stiftung verlangte Ausfallbürgschaft in Höhe von jeweils 130.000 DM zu übernehmen.[212]

212 Vgl. Niederschrift der gemeinsamen Sitzung des Verwaltungsrates und der Gesellschafterversammlung der Museum Heimathaus Münsterland GmbH vom 04.03.1992, Top 1, Archiv des Museums Relígio Dep. 246

Weder personell noch finanziell war die Landesgemeinschaft der Krippenfreunde jemals in der Lage, das Krippenmuseum verantwortlich zu führen. Diesem Sachverhalt wurde 1992 durch einen Kooperationsvertrag des Heimathauses mit der Vereinigung der Krippenfreunde Rechnung getragen.[213] Zuvor hatte die Heimathaus GmbH angeblich versucht, die Landesgemeinschaft aus dem Projekt Krippenmuseum heraus zu drängen. Das war jedoch an rechtlichen Vorbehalten der NRW-Stiftung gescheitert.[214] Die Landesgemeinschaft stellte nunmehr ihr theologisches, pädagogisches, kulturwissenschaftliches, publizistisches und künstlerisches Fachwissen vertraglich in den Dienst des geplanten Museums. Zugleich erklärte sie sich bereit, dem Museum Exponate aus ihrer eigenen Krippensammlung zur Verfügung zu stellen. Die Handbücherei und das Archiv der Landesvereinigung sollten dem Krippenmuseums zum wissenschaftlichen Gebrauch dienen. Quasi im Gegenzug wurde den Krippenfreunden ein breites ehrenamtliches Betätigungsfeld eingeräumt. Dazu zählten die Beratung und Mithilfe bei der Gestaltung von Ausstellungen, der Erwerb und die Vermittlung von Exponaten, Besucherführungen und museumspädagogische Veranstaltungen. Ausdrücklich genannt wurden die Durchführung von Vorträgen, Seminaren und Tagungen sowie die Mitarbeit am Empfang, im Museumsladen und im Büro, ferner die Betreuung des Archivs und der Bibliothek.[215]

Die Unterbringung des Krippenmuseums war zunächst in den Räumlichkeiten des Gebäudes Bußmann, einem ehemaligen Wohn- und Geschäftshaus mit Café und Bäckerei, vorgesehen, das dem Heimathaus in der Herrenstraße unmittelbar gegenüberlag. Das Haus stand zum Verkauf und sollte umgebaut werden. Nach der Erstellung eines Wertgutachtens und weiteren Verhandlungen gelang es im Dezember 1990, die Liegenschaft zu erwerben, so dass nach endgültiger Klärung der finanziellen Voraussetzungen mit der konkreten Planung für den Umbau und die Nutzung des Gebäudes begonnen werden konnte.

Die Landesgemeinschaft der Krippenfreunde legte dazu im Verlauf des Jahres 1990 ein erstes maßgeblich von Thomas Ostendorf verfasstes Konzept vor.[216] Danach sollte das Haus Bußmann in seiner äußeren Gestalt als historisch gewachsenes Objekt erhalten bleiben. Die in den Hof hineinragende ehemalige Backstube sollte um zwei Geschosse aufgestockt werden. Für das Innere des Gebäudes war eine gänzliche Umgestaltung vorgesehen. Dazu gehörte die vollständige Unterkellerung, um die

213 Vgl. Kooperationsvertrag zwischen der Museum Heimathaus Münsterland GmbH und der Landesgemeinschaft der Krippenfreunde in Rheinland und Westfalen vom 06.05.1992, Akten der Landesgemeinschaft im Museum Relígio

214 Vgl. Niederschrift der gemeinsamen Sitzung von Vorstand und Beirat der Landesgemeinschaft der Krippenfreunde in Rheinland und Westfalen vom 13.12.1991, Akten der Landesgemeinschaft im Museum Relígio

215 Vgl. Ostendorf, Thomas: Vom Krippenmuseum, dem Weltkongress und der Landesgemeinschaft, a.a.O., S. 9

216 Vgl. a) Landesgemeinschaft der Krippenfreunde in Rheinland und Westfalen: Konzept für ein Krippenmuseum in Telgte vom 18.06.1990, Archiv des Museums Relígio Dep. 245, b) Dies.: Nutzungskonzept für ein Krippenmuseum in Telgte vom 03.07.1990, Archiv des Museums Relígio Dep. 953

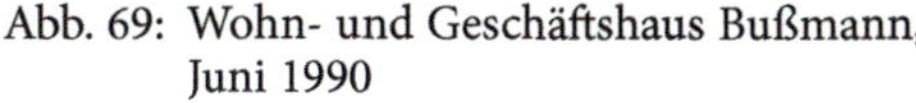

Abb. 69: Wohn- und Geschäftshaus Bußmann, Juni 1990

Abb. 70: Krippenmuseum im Jahr der Fertigstellung 1994

notwendigen Funktionsräume schaffen zu können. Im Erdgeschoss sollten neben einem Foyer, einem Museumsladen und einer Cafeteria ein Vorführraum und ein Saal für Sonderausstellungen entstehen. Im ersten Obergeschoss sollte neben der Geschichte der Weihnachtskrippe in Westfalen und im Rheinland das zeitgenössische Krippenschaffen in Nordrhein-Westfalen gezeigt werden. Das zweite Obergeschoss sollte den Wandel des Weihnachtsfestes und damit der Krippenkultur und des Krippenbrauches seit dem ausgehenden 19. Jahrhundert beleuchten und in einen internationalen Zusammenhang mit dem Krippenschaffen in ca. 60 Ländern der Erde stellen.[217]

Mit der Verwirklichung des Krippenmuseums wurde im März 1992 der Architekt Josef Paul Kleihues aus Dülmen beauftragt – für Telgte ein absoluter Glückstreffer, wie Stadtdirektor und Heimathaus GmbH-Geschäftsführer Hubert Rammes gegenüber der Presse erklärte.[218] Für die Planung des Krippenmuseums bedeutete die Beauftragung allerdings eine radikale Umkehr. Nach einer persönlichen Begehung riet Kleihues dringend davon ab, das Gebäude Bußmann zu sanieren und umzubauen, weil dadurch unverhältnismäßig hohe Kosten gegenüber einem Abriss und einem Neubau entstünden. Insbesondere die Sanierung der Außenwände und der geplante Kellerausbau würden unvertretbar hohe Kosten verursachen. Hinzu komme, dass eine historische und

217 Vgl. Ostendorf, Thomas: Ein Krippenmuseum der Krippenfreunde, a.a.O., S. 52 ff.

218 Vgl. Westfälische Nachrichten vom 06.03.1992 (Telgte-Ausgabe), Archiv des Museums Relígio Dep. 913

Abb. 71: Fassade des Krippenmuseums, 2020

städtebauliche Bedeutung des Gebäudes, die eine Sanierung rechtfertigen könne, nicht gegeben sei.[219]

Bereits im September desselben Jahres fasste der Verwaltungsrat der Heimathaus Münsterland GmbH daraufhin den Beschluss, von dem Umbau des Bußmann-Hauses Abstand zu nehmen und stattdessen einen Neubau zu errichten. Damit geriet das Museumsvorhaben in eine kritische Phase, sollten die sich zwischenzeitlich abzeichnenden Mehrkosten doch vollständig von der NRW-Stiftung getragen werden.[220] Die Bereitschaft dazu musste erst erkundet werden und war keineswegs sicher, selbst wenn angenommen werden konnte, dass die Neubaukosten niedriger als die Kosten für eine Sanierung des Bußmann-Hauses sein würden. Mit dem Beschluss der NRW-Stiftung, die Fördersumme von 3,8 auf 5,5 Mio. DM zu erhöhen,[221] und der Bereitschaft des Landschaftsverbandes Westfalen-Lippe, die Einrichtungskosten in Höhe von 1,3 Mio. DM zu übernehmen, konnte die Finanzierung des Krippenmuseums schließlich sichergestellt werden.

Der von Kleihues als „Baukünstler von internationalem Rang"[222] konzipierte Neubau sah einen Baukörper vor, der mit rund 450 qm Ausstellungsfläche Platz für die Präsentation von rund 200 Krippen bot. Hinzu kamen Flächen für eine wissenschaftliche

219 Vgl. Niederschrift der Sitzung des Verwaltungsrates der Museum Heimathaus Münsterland GmbH vom 25.06.1992, Top 1, Archiv des Museums Relígio Dep. 246

220 Vgl. Sitzungsvorlage für den Verwaltungsrat der Museum Heimathaus Münsterland GmbH am 30.09.1992, Archiv des Museums Relígio Dep. 247

221 Vgl. Bewilligungsbescheid der Nordrhein-Westfalen-Stiftung Naturschutz, Heimat und Kulturpflege an die Landesgemeinschaft der Krippenfreunde in Rheinland und Westfalen vom 25.01.1993, Archiv des Museums Relígio Dep. 248

222 Vgl. Münstersche Zeitung vom 13.03.1993, Archiv des Museums Relígio Dep. 195

Abb. 72: Krippenmuseum mit Propsteikirche St. Clemens, Gnadenkapelle und ehemaliger Pastoratsscheune, 2020

Bibliothek, für einen Museumsladen mit Eingangsbereich gegenüber dem neuen Zugang zum Heimathaus sowie für einen Vortragssaal im Kellergeschoss. Nach außen hin war das neue Krippenmuseum ein dreigeschossiges langgestrecktes Gebäude mit einer Fassade aus Ibbenbürener Sandstein auf einem umlaufenden dunklen Sockel aus Basaltlava. Die Längsseite des Gebäudes zur Herrenstraße wurde durch eine große Glasfläche beherrscht, die das Geschehen im Inneren mit der Außenwelt – insbesondere der Gnadenkapelle, der Clemenskirche und dem Heimathaus – verbinden sollte. Klare Formgebung und streng eingehaltene Planungsraster bestimmten das Gebäude bis hin zur Steigung des langgezogenen Treppenhauses.[223]

Der von Kleihues vorgeschlagene Bau für das Krippenmuseum wurde vom Verwaltungsrat des Heimathauses am 5. Mai 1993 genehmigt.[224] Die Fertigstellung der Baumaßnahme erfolgte innerhalb von 17 Monaten. Das Resultat war in der Öffentlichkeit nicht unumstritten. Wegen seines Kontrastes zur historischen Umgebung wurde das Haus mitunter als städtebaulicher Fremdkörper in Frage gestellt, gelegentlich auch als ein nicht in die Zeit finanzieller Knappheit passender „Krippenpalast aus Sandstein“ verunglimpft.[225] Das Urteil der Fachwelt war indes ein anderes. Es fiel positiv, teilweise

223 Vgl. Ostendorf, Thomas: Das Krippenmuseum in Telgte, a.a.O., S. 30 ff.

224 Vgl. Niederschrift der Sitzung des Verwaltungsrates der Heimathaus Münsterland GmbH vom 05.05.1993, Top 1, Archiv des Museums Relígio Dep. 248

225 Vgl. Robert, Rüdiger: Mehr als ein Versprechen. Vom Heimathaus Münsterland zum Museum Relígio, a.a.O., S. 217

sogar überschwänglich aus. Das Westfälische Amt für Denkmalpflege bezeichnete das Krippenmuseum in seiner Außenwirkung als eigenständigen und selbstbewussten Baukörper mit sorgfältiger Detaillierung und sensiblem Umgang mit den Proportionen.[226] Die Sandsteinfassade des Museums wurde 1995 mit dem Deutschen Naturstein-Preis ausgezeichnet.[227] 25 Jahre später sprach die Dortmunder Architektur-Professorin Heike Hanada von einem poetischen Rationalismus in Verbindung mit einer unkomplizierten Haltung zwischen Tradition und Moderne, die in dem Gebäude zum Ausdruck komme:

> „Dieses Haus erscheint zeitlos. Seine bescheidene zurückhaltende Eleganz, die das Material und die Konstruktion sprechen lässt, all dies ist zeitlos und ebnet dem Haus den Weg in die Zukunft ohne modische Allüren, ohne übertrieben futuristische Perspektiven, die sich zukünftig dann als überflüssig, weil unverständlich herausstellen."[228]

Ein deutliches Problem zeigte sich bereits im Vorfeld der Eröffnung des Krippenmuseums: Die Ausstellungsgestaltung bzw. die Qualität der Exponate. Kleihues hielt letztere für künstlerisch derart gering, dass er sie schlicht und einfach nicht ausgestellt sehen wollte. Anstelle von Krippen, die seiner Meinung nach nicht einmal kunstgewerblichen Ansprüchen gerecht wurden, setzte er sich für eine Ausstellung überörtlich bedeutsamer Gemälde und Kunstwerke ein, die allerdings erst von anderen Museen in Nordrhein-Westfalen ausgeliehen werden mussten.[229] Ostendorf als Museumsleiter vertrat eine völlig andere Auffassung. Ihm kam es darauf an, die Krippenkunst so zu präsentieren, wie sie war. Dabei stand für ihn fest, dass sie sich in Westfalen seit Beginn des 20. Jahrhunderts noch in einer neuen Phase facetten- und ideenreicher Blüte befand. Diesen Sachverhalt und die damit verbundene Geschichte des Krippenwesens auszublenden, hielt er für falsch. Die von Kleihues beabsichtigte Kunstausstellung widerspreche – so seine Argumentation – dem Sinn und Zweck des Krippenmuseums.[230] Ostendorf konnte sich mit seinen Vorstellungen nicht durchsetzen. Er erhielt aber für die Zeit nach der Eröffnung des Krippenmuseums den Auftrag, mit dem Westfälischen Museumsamt eine auf Dauer tragfähige Ausstellungskonzeption zu erarbeiten.[231]

Die Eröffnung des Krippenmuseums fand am 12. September 1994 statt. Sie war mehr als eine Veranstaltung, in der sich die an dem Projekt Beteiligten wechselseitig

226 Vgl. Schreiben des Westfälischen Amtes für Denkmalpflege an die Stadt Telgte vom 31.03.1993, Archiv des Museums Relígio Dep. 249

227 Vgl. a) Münstersche Zeitung vom 08.04.1995, Archiv des Museums Relígio Dep. 915, b) Westfälische Nachrichten vom 30.05.1995, Archiv des Museums Relígio Dep. 915

228 Hanada, Heike: Festvortrag aus Anlass des 25-jährigen Bestehens des Museumsneubaus von Josef Paul Kleihues am 29.01.2019 – maschinenschriftliches Skript, S. 6

229 Vgl. Schreiben von Josef Paul Kleihues an Stadtdirektor Hubert Rammes vom 12.08.1994, Archiv des Museums Relígio Dep. 249

230 Vgl. Schreiben von Thomas Ostendorf an Stadtdirektor Hubert Rammes vom 16.08.1994, Archiv des Museums Relígio Dep. 249

231 Vgl. Niederschrift der Sitzung des Verwaltungsrates der Museum Heimathaus Münsterland GmbH vom 24.08.1994, Top 1, Archiv des Museums Relígio Dep. 249

Abb. 73: Zwei Museen – zwei Ausstellungen Krippenschau und peruanische Krippenkunst

Lob und Anerkennung zollten. Es war eine Feier, die geradezu als Sinnbild für die innige Verbindung des Heimathauses Münsterland mit der Krippenkultur und dem Krippenbrauch stand. Von daher ist auch verständlich, dass in der Öffentlichkeit die Bezeichnung Krippenmuseum mehr und mehr mit dem Heimathaus Münsterland und seiner Aufgabenstellung gleichgesetzt wurde, obwohl dies den Tatsachen nicht entsprach. Zugleich markierte die Eröffnungsfeier den geschichtlichen Höhepunkt in der Zusammenarbeit zwischen dem Heimathaus Münsterland und der Landesgemeinschaft der Krippenfreunde in Rheinland und Westfalen.

Für die Teilnehmer an der Eröffnungsfeier – darunter Ministerpräsident Johannes Rau und Bischof Reinhard Lettmann – waren dies jedoch nicht die entscheidenden Themen. Was vorherrschte, waren Stolz und Freude über das Erreichte. Ein Blick ging auch in die Zukunft. Er betraf insbesondere die Hoffnung auf ein Andauern der allgemeinen Krippenbegeisterung. Dabei ging es nicht nur um die Zahl der Museumsbesucherinnen und Museumsbesucher, also um ein quantitatives, sondern auch um ein qualitatives Merkmal. Mit Nachdruck verwies Bischof Lettmann einmal mehr und damit ganz in der Tradition des Heimathauses Münsterland auf den eigentlichen Sinn und Zweck des Krippenschaffens: Die Auseinandersetzung mit der Menschwerdung Gottes und der damit zusammenhängenden Anerkennung von Würde und Wert des Menschen.[232]

232 Vgl. Lettmann, Reinhard: Grußwort zur Eröffnung des Krippenmuseums am 12.09.1994, in: Die Weihnachtskrippe, 60. Jb., Telgte/Köln 1996, S. 27

Enttäuschte Erwartungen

Abb. 74: Krippenmuseum und Telgter Dreiklang, 2020

Die Konzeption des Heimathauses Münsterland blieb auch nach der Fertigstellung und Inbetriebnahme des Krippenmuseums unverändert. Das Heimathaus entwickelte sich allerdings seit den 1970er Jahren mehr und mehr von einer heimatkundlich und kunstgewerblich ausgerichteten Einrichtung zu einem wissenschaftlich arbeitenden, volkskundlichen Museum.[233] Das häufig unvermittelte Nebeneinander von religiöser Kultur und ländlichem Handwerk und Wohnen wurde zunehmend als unbefriedigend empfunden.[234] Trotz Beibehaltung der traditionellen Verbundenheit mit dem Handwerk wurde die Zahl der Sonderausstellungen, die sich mit diesem Aufgabenbereich auseinandersetzten, reduziert. Ausstellungen, die sich mit dem Bereich des ländlichen Wohnens befassten, fanden nicht mehr statt. Was übrig blieb, waren einzelne Ausstellungen zum Handwerk der Kupferschmiede, der Uhrmacher, der Töpfer und der Goldschmiede, darüber hinaus zum Blaudruck und zum keramischen Schaffen. Eine Besonderheit war die zeitweilige Präsentation einer historischen Uhrmacherwerkstatt im Museum.

233 Vgl. Ostendorf, Thomas: Exposé zur Neukonzeption vom 13.06.2008, S. 1, Aktenbestand des Museums Relígio

234 Vgl. ders.: Neukonzeption für das Museum Heimathaus Münsterland und Krippenmuseum vom 24.04.2003 bzw. 30.06.2003, S. 2, Aktenbestand des Museums Relígio

Insgesamt waren es nicht mehr als sechs bis acht von 55 Sonderausstellungen des Museums, die sich zwischen 1994/95 und 2011/12 mit dem Themenfeld „Handwerk und Handwerksgeschichte“ auseinandersetzten. Auch das Sammlungskonzept des Museums änderte sich. Mit Ausnahme von Textilien religiöser Art wurden Objekte aus dem ländlich-handwerklichen Bereich nicht mehr in ihrer ganzen Breite erworben. Der Sammlungsbestand wurde zwar weiterhin gepflegt, aber nur in Einzelfällen noch durch kulturgeschichtlich besonders wertvolle Exponate ergänzt.[235] Ein Beispiel dafür war der Ankauf einer Flötenuhr aus dem Jahr 1806 durch den 1969 gegründeten Freundeskreis des Museums.[236]

Hauptbetätigungsfeld des Heimathauses Münsterland und des Krippenmuseums, organisatorisch zusammengefasst in der Museum Heimathaus Münsterland GmbH, war und blieb die Präsentation und Pflege von sakraler Kunst, Frömmigkeitsgeschichte und religiöser Volkskunst. Sie beschränkte sich – soweit es das Heimathaus betraf – keineswegs auf den Bereich der Krippenkultur und des Krippenbrauchs. Die Themenpalette war wie in der Vergangenheit breit angelegt. Das zeigte sowohl die Vielfalt der noch in der Entstehung begriffenen Dauerausstellung als auch die Vielzahl der Wechselausstellungen. Letztere nahmen an Zahl deutlich zu,[237] führten das Museum aber auch an die Grenzen seiner Belastbarkeit. Wiederholt kam es zu Mängeln bei der Vorbereitung und Durchführung von Ausstellungen sowie der termingerechten Fertigstellung von Begleitpublikationen wie Ausstellungskatalogen.[238]

Neben den Krippenausstellungen befasste sich das Museum weiterhin mit Themen wie der Wallfahrt und der Marienverehrung und dem Gedenken an Kardinal von Galen. Immer wieder aufgegriffen wurden geschichtliche Vorgänge. So zeigte das Museum 1998 unter dem Titel „Wider den Unglauben“ eine Ausstellung zum religiösen Leben nach dem 30-jährigen Krieg, 1999 war es eine Ausstellung zur jüdischen Buchkunst aus zwei Jahrhunderten. 2003 präsentierte das Heimathaus unter der Überschrift „Auf Kosten der Klöster“ eine Ausstellung zur Säkularisation im Kreis Warendorf und 2008 erinnerte es mit einer Sonderschau zum 150. Todestag von Pater Christoph Bernsmeyer an dessen Leben und Werk. Zahlreiche Ausstellungen widmeten sich dem Schaffen zeitgenössischer Künstler – darunter Bildhauer, Schnitzer, Grafiker, Zeichner, Maler, Keramiker, Designer und Lichtinstallateure. Dazu zählten Ausstellungen über Willi Witte (1995), Heinz Günther Prager (1997), Wilfried Koch (1997), Jörgen Habedank (1997), Rudolf Heltzel (1998), Josef Grasedieck (1998), Hans Dinnendahl (2001), Helga Hauck (2005), Michael B. Ludwig (2007), Yvonne und Klaus Goulbier (2008).

---

235 Vgl. Museum Heimathaus Münsterland und Krippenmuseum – Sammlungskonzept vom 10.03.2009, Aktenbestand des Museums Relígio

236 Vgl. Bericht des Museumsleiters zur Sitzung der Gesellschafterversammlung der Museum Heimathaus Münsterland GmbH am 27.12.1999, Archiv des Museums Relígio Dep. 966

237 Vgl. Westfälisches Museumsamt: Organisationsbeschreibung und Entwicklungsmöglichkeiten der Telgter Museen 1998, Aktenbestand des Museums Relígio

238 Vgl. Aktenvermerk der Museum Heimathaus Münsterland GmbH: Besprechung mit dem Museumsleiter Dr. Ostendorf im Rathaus der Stadt Telgte am 14.08.1997, Archiv des Museums Relígio Dep. 250

Abb. 75: „Gottes Gedanke“ von Jörgen Habedank aus Tornesch

Eine besondere Leistung des Heimathauses Münsterland war die Herausgabe einer Schriftenreihe zur religiösen Kultur neben der bereits seit den 1980er Jahren bestehenden allgemeinen Schriftenreihe des Heimathauses. Herausgegeben wurde die neue Schriftenreihe vom Freundeskreis des Museums. Er stellte auch die notwendigen finanziellen Mittel bereit. Die inhaltliche Arbeit lag weitgehend in der Hand der Museumsleitung. Zwischen 1993 und 2006 erfolgten insgesamt sieben Veröffentlichungen. Sie befassten sich allerdings durchweg nicht mit Fragen der Krippenkultur und des Krippenbrauches.

Die skizzierten Aktivitäten änderten nichts an der Funktion der Krippenausstellungen als Eckpfeiler der Arbeit des Heimathauses Münsterland. Ergänzt wurde diese Arbeit nunmehr durch die Tätigkeit des Krippenmuseums.

Der Kleihues-Bau sahe im Erdgeschoss wechselnde Präsentationen zur Krippenkultur und zum Krippenbrauch vor. Den Anfang machte eine Ausstellung zur peruanischen Krippenkunst im 20. Jahrhundert. Was folgte, waren Ausstellungen zum

Abb. 76: Krippenausstellung im 2. Obergeschoss des Krippenmuseums, 2008

Krippenschaffen in anderen europäischen und außereuropäischen Ländern. Das Krippenmuseum betonte damit seinen Anspruch, grenzüberschreitend wirksam zu sein und völkerverbindend zu wirken.

Im Unterschied zum Erdgeschoss waren die beiden Obergeschosse des Kleihues-Baus für die Dauerpräsentation von Krippen vorgesehen.[239] Im ersten Obergeschoss wurde eine Einführung in die Geschichte der Weihnachtskrippe vom 16. bis 19. Jahrhundert gezeigt. Zugleich wurde versucht, die biblische Geschichte als Grundlage für das volkstümliche Krippenschaffen zu veranschaulichen. Frühe westfälische Weihnachtskrippen aus Kirchen, dazu Passionskrippen und bildliche Wiedergaben der biblischen Heilsgeschehens erzählten von den religiösen Auffassungen vergangener Jahrhunderte. Zu den kleineren Hauskrippen und ihrem Brauchtum leitete eine gesonderte Abteilung über, die anhand zahlreicher Objekte die Entstehung und den Wandel des bürgerlichen Weihnachtsfestes zu erläutern suchte.[240] Im zweiten Obergeschoss gab das Museum einen Überblick über das zeitgenössische westfälische Krippenschaffen, widmete sich also dem Schwerpunkt der Pflege der Krippenkunst und des Krippenbrauches durch das Heimathaus. Daneben präsentierte das Krippenmuseum eine Ausstellung internationaler Krippenkunst. Auf diese Weise verwies es einmal mehr auf die

239 Vgl. Ostendorf, Thomas: Das Krippenmuseum in Telgte, a.a.O., S. 34

240 Vgl. ders.: Einführung, in: Aka, Christine: Jesuskind und Weihnachtsmann. Krippenmuseum Telgte, Hrsg.: Museum Heimathaus Münsterland GmbH, Telgte 1995, S.10

Abb. 77: Afrikanische Weihnachtskrippe Makonde-schnitzarbeit aus dem Südosten Tansanias, um 1990

Universalität der biblischen Weihnachtsbotschaft. Die Öffnung in Richtung auf andere Kulturen war Programm des neuen Museums. Das Ziel war eindeutig:

> „Die Krippe wird so im Kleinen zum Abbild der jeweiligen Gesellschaft, führt ihre Kultur, ihre Struktur und ihre Werte vor Augen. Dem Museumsbesucher gibt sie Hinweise, sich gleichsam von einer höheren Warte aus selber zu beobachten und besser zu verstehen. Den Besucher auf diesen Weg zu bringen, ist das vordringliche Anliegen des Krippenmuseums, darin erkennt es seinen besonderen gesellschaftlichen Auftrag."[241]

Krippenmuseum und Heimathaus Münsterland arbeiteten Hand in Hand. Das galt sowohl für die Erweiterung der Sammlung, Restaurierung und Inventarisation, die Vorbereitung und Durchführung von Ausstellungen sowie ihre wissenschaftliche Begleitung in Form von Publikationen als auch für Marketing und Öffentlichkeitsarbeit. Das war angesichts der engen institutionellen und personellen Verzahnung zwischen beiden Museen alternativlos. Die mit der Bündelung der Kompetenzen erhoffte Steigerung der Besucherzahlen ließ sich allerdings nicht erreichen. Die diesbezüglichen Erwartungen waren anfänglich hochgeschraubt. Sie bewegten sich in einer Größenordnung von bis

241 Ebd. S. 11

Besucherinnen und Besucher des Heimathauses Münsterland 1994/95 bis 2011/12

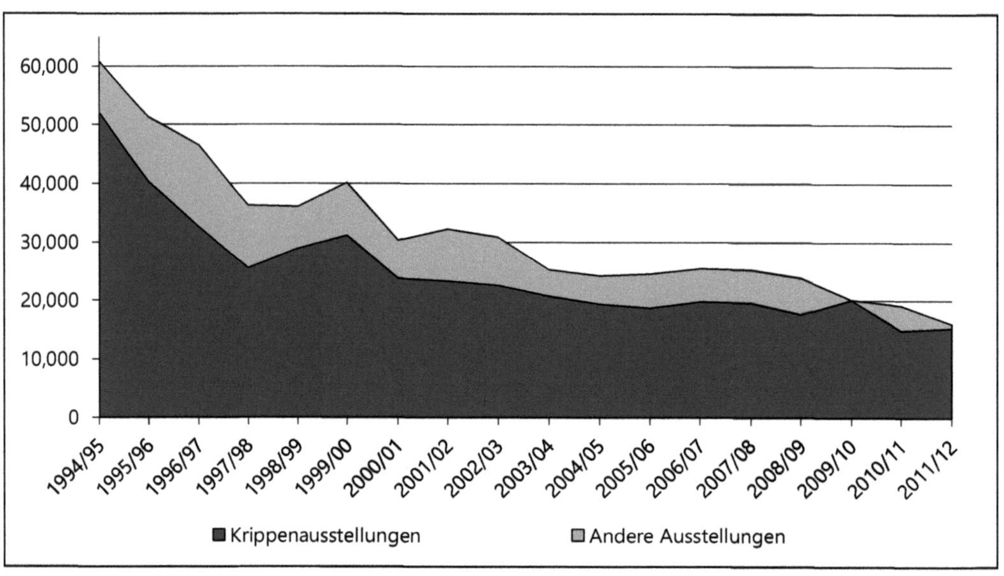

Erläuterung: Zuordnung des Monats Januar jeweils zum Vorjahr – Statistische Angaben des Museums Relígio

zu 100.000 Personen pro Jahr.[242] Das Heimathaus Münsterland sollte auf diese Weise zusammen mit dem Krippenmuseums eines der meistbesuchten Museen in ganz Westfalen sein und bleiben.

1994 waren es knapp 61.000 Personen, die als Besucherinnen und Besucher in das Heimathaus Münsterland kamen. Das war die zweithöchste jemals erreichte Besucherzahl. Für das Krippenmuseum wurden in den ersten zwölf Monaten seines Bestehens sogar 66.500 Besucherinnen und Besucher gezählt.[243] Nicht ohne Stolz erklärte Ostendorf deshalb noch 1997 vor dem Kulturausschuss des Kreises Warendorf, dass es tatsächlich gelungen sei, mit dem Krippenmuseum in Westfalen, wenn nicht in ganz Nordwestdeutschland eine zentrale Stätte für die Beschäftigung mit Weihnachten und der Krippe zu schaffen. Der gute Besuch des Museums gebe eine deutliche Antwort auf Zweifel, die während der Einrichtungszeit des Museums laut geworden seien, ob denn ein solches Haus mit Krippenschauen im Sommer überhaupt Sinn mache. Für ihn war die Bilanz des Krippenmuseums seinerzeit eine Bilanz des Erfolges.[244]

Den positiven Einschätzungen, die mit der Errichtung des Krippenmuseums verbunden waren, folgte sehr bald eine Ernüchterung. Bereits 1995 war ein Rückgang der

---

242 Vgl. Kirche und Leben vom 06.02.1994

243 Vgl. Bericht des Museumsleiters zur Sitzung des Verwaltungsrates und der Gesellschafterversammlung der Museum Heimathaus Münsterland GmbH am 15.11.1995, S. 2, a.a.O.

244 Vgl. Bericht des Museumsleiters zur Sitzung des Ausschusses für Kultur, Freizeit und Sport des Kreises Warendorf am 06.05.1997, Archiv des Museums Relígio Dep. 912

Abb. 78: „Geburt Christi“ von Heinz Scheffner aus Nordhorn, 1995

Besucherzahlen zu verzeichnen. Noch wurde darin ein vorübergehender Vorgang gesehen. Die Anhebung der Eintrittsgelder wurde als mögliche Ursache ins Feld geführt.[245] Dieser Irrtum ließ sich in den Folgejahren nicht aufrechterhalten. Die Trendumkehr von steigenden zu fallenden Besucherzahlen war dauerhaft und sie war dramatisch. Innerhalb eines halben Jahrzehnts verringerte sich die Zahl der Museumsbesucherinnen und -besucher um über 20.000. Um die Jahrtausendwende waren es nur noch gut 40.000 Personen, die das Museum besuchten. Ein halbes Jahrzehnt später waren es nicht einmal mehr 25.000 Personen.

Von dem nachlassenden Besucherzustrom waren alle Ausstellungen des Heimathauses Münsterland und des Krippenmuseums, also nicht nur die Krippenausstellungen betroffen. Gemessen an der Gesamtzahl der Besucherinnen und Besucher änderte sich der Anteil der Personen, die wegen der Krippenausstellungen in das Museum kamen, allerdings kaum. Von nahezu 570.000 Gästen des Heimathauses und des Krippenmuseums im Zeitraum zwischen 1994/95 und 2011/12 waren mehr als 447.000 Besucherinnen und Besucher der Krippenausstellungen. Ihr Anteil an der Gesamtzahl der Besucher lag bei knapp 79 Prozent. Gäste, die das ganzjährig geöffnete Krippenmuseum besuchten, sind in diesen Angaben nicht enthalten. Wird ihre Zahl den Besucherinnen und Besuchern der Krippenausstellungen hinzugerechnet, lag der Prozentsatz deutlich über 80. Mit dem Einbruch der Besucherzahlen stellte sich deshalb die Frage nach der Gesamtkonzeption des Heimathauses Münsterland und des Krippenmuseums.

Darauf eine Antwort zu geben, war nicht leicht, ließen sich die Gründe für das Abebben des Besucherzustroms doch ebenso wenig exakt ermitteln wie seinerzeit die Gründe für das Anschwellen der Besucherzahlen. So war die stark nachlassende Besucherfrequenz kein spezielles Problem, mit dem sich das Heimathaus und das

245 Vgl. Bericht des Museumsleiters zur Sitzung der Gesellschafterversammlung der Museum Heimathaus Münsterland GmbH am 27.08.1996, Archiv des Museums Relígio Dep. 250

Abb. 79: Intarsienarbeit von Georg Sanders aus Soest, 1997

Krippenmuseum auseinandersetzen mussten. Sie war vielmehr Teil eines nach Angaben des Berliner Instituts für Museumskunde landesweit zu beobachtenden Prozesses.[246] Verglichen mit anderen Museen gleicher Größenordnung in Westfalen konnte die Heimathaus Münsterland GmbH ihre Position als kulturelle Einrichtung mit einer besonders hohen Besucherzahl durchaus behaupten.

Wenig tragfähig war als Erklärung für den Besucherschwund das Konkurrenzargument.[247] Es zielte auf die erwähnte, seit den 1970er Jahren in der Tat ständig wachsende Zahl von Krippenausstellungen zur Advents- und Weihnachtszeit. Dieser Trend hatte jedoch bis in die Mitte der 1990er Jahre den Besucherzustrom zum Heimathaus nicht

246 Vgl. Bericht des Museumsleiters zur Sitzung des Verwaltungsrates und der Gesellschafterversammlung der Museum Heimathaus Münsterland GmbH im Dezember 1999, S. 1, Archiv des Museums Relígio Dep. 966

247 Vgl. a) Vorwort von OKD Dr. Wolfgang Kirsch zum Katalog zur 56. Krippenausstellung des Heimathauses Münsterland 1997/98, S. 7, b) Bericht des Museumsleiters zur Sitzung des Verwaltungsrates und der Gesellschafterversammlung der Museum Heimathaus Münsterland GmbH am 27.11.2003, S. 2, Archiv des Museums Relígio Dep. 966

behindert. Warum dies nach 1994 – insbesondere nach der Eröffnung des Krippenmuseums – mit einem Mal der Fall sein sollte, war nicht ersichtlich.

Ein Teil der Gründe für das Ausbleiben des erwarteten „phänomenalen Interesses“[248] speziell am Krippenmuseum war hausgemacht. Offenkundig bestand ein Missverhältnis zwischen den zur Verfügung stehenden personellen Ressourcen und der geforderten wissenschaftlichen Leistung.[249] Daran änderte auch die Schaffung einer Halbtagsstelle für eine stellvertretende Museumsleitung nichts. Die Stelle wurde zunächst von Dr. Christine Aka (1994–1997), danach von Dr. Vera Losse (1998–2000) besetzt. Am 1. März 2001 übernahm Dr. Anja Schöne die Stelle der wissenschaftlichen Mitarbeiterin und Stellvertreterin des Museumsleiters. Bereits am 8. April desselben Jahres gab sie mit der Sonderausstellung „Zwischen Himmel und Erde - Engel“ im Krippenmuseum ihr „Telgter Debut“.[250]

Ausstellungsräume und technische Ausstattung des Museums wiesen ebenfalls Defizite auf. Im Falle der historischen Gebäudeteile spiegelten sie den Stand der 1980er Jahre wider. Als verbesserungsbedürftig galt nicht zuletzt das Präsentationsniveau der Ausstellungen. Es wies in Teilbereichen eine Dichte der Exponate auf, hinter der die gewünschte Informationsvermittlung erkennbar zurückblieb.[251] Das Krippenmuseum bot mit seinen verschiedenen Abteilungen zwar ein insgesamt einheitliches Bild, aber keine den Raumdimensionen angemessene Lösung. Bemängelt wurden insbesondere die unzureichende didaktische Führung und die Ausstattung mit Vitrinen, die als kalt, sachlich und unsinnlich empfunden wurde. Hinzu kamen Beschwerden über die unzureichende Temperierung des Gebäudes, die auch konservatorische Probleme mit sich brachte.[252]

Nicht zufriedenstellend war auch die Kooperation des Heimathauses Münsterland bzw. des Krippenmuseums mit der Landesgemeinschaft der Krippenfreunde in Rheinland und Westfalen. Die unzureichende Vertragserfüllung war keine Überraschung. Begrenzte Mitgliederzahl der Vereinigung, hoher Altersdurchschnitt und von Telgte entfernte Wohnstandorte ließen von vornherein Schwierigkeiten bei der Vertragserfüllung erwarten. Daran konnten auch wiederholte Aufforderungen des Vorstands der Landesgemeinschaft zur Mitarbeit im Krippenmuseums nichts ändern.[253] Eine

248 Vgl. Begrüßungsworte von OKD Dr. Wolfgang Kirsch zur Eröffnung des Krippenmuseums am 12.11.1994, S. 4, Archiv des Museums Relígio Dep. 912

249 Vgl. Westfälisches Museumsamt: Organisationsbeschreibung und Entwicklungsmöglichkeiten der Telgter Museen 1998, S. 4, a.a.O.

250 Vgl. Bericht des Museumsleiters vom 26.11.2001, Archiv des Museums Relígio Dep. 966

251 Vgl. Westfälisches Museumsamt: Organisationsbeschreibung und Entwicklungsmöglichkeiten der Telgter Museen 1998, S. 3, a.a.O.

252 Vgl. Ostendorf, Thomas: Neukonzeption für das Museum Heimathaus Münsterland und Krippenmuseum vom 24.04.2003 bzw. 30.06.2004, S. 2, a.a.O.

253 Vgl. a) Niederschrift der Mitgliederversammlung der Landesgemeinschaft der Krippenfreunde in Rheinland und Westfalen vom 22.04.1995, Top 7, Akten der Landesgemeinschaft im Museum Relígio, b) Niederschrift der gemeinsamen Sitzung des Vorstandes und des Beirates der Landesgemeinschaft der Krippenfreunde in Rheinland und Westfalen vom 14.03.1997, Top 7, Akten der Landesgemeinschaft im Museum Relígio

Abb. 80: „Großer Stern“ von Brigitte Lange-Helms aus Telgte, 1988

Vertragsmodifizierung wurde deshalb zwar erwogen, letztlich aber nicht vorgenommen. Sie wäre nur im Benehmen mit der NRW-Stiftung möglich gewesen. Da in diesem Zusammenhang materielle Nachteile für das Krippenmuseum befürchtet wurden, blieb es bei der bestehenden Regelung, damit aber auch bei der unbefriedigenden Umsetzung.[254]

Jenseits aller punktuellen Erklärungen für den Rückgang der Besucherzahlen waren es die überzogenen Erwartungen und enttäuschten Hoffnungen, die schließlich zu einem vertieften Nachdenken über Inhalt und Ausrichtung des Heimathauses Münsterland und des Krippenmuseums führten. An die Stelle der Forderung nach einer behutsamen Neuausrichtung trat zunehmend die Forderung nach einem grundsätzlichen

254 Vgl. Niederschrift der Sitzung des Verwaltungsrates der Museum Heimathaus Münsterland GmbH vom 08.10.1995, Top 5, Archiv des Museums Relígio Dep. 250

Abb. 81: Orientalische Landschaftskrippe von Gisela Brandes aus Glandorf, um 2006

Wandel.[255] Die Erkenntnis, dass es struktureller Veränderungen bedurfte, um den notwendigen Aufbruch in die Zukunft zu schaffen, setzte sich allerdings nur im Verlauf eines langwierigen Diskussionsprozesses durch.

Ansatzpunkt für diesen Prozess waren Überlegungen, das Heimathaus und das Krippenmuseum in einem „Museum für religiöse Kultur" zusammenzuführen. Maßgebend dafür war die geringe Akzeptanz des Krippenmuseums. Wenn im Heimathaus Münsterland keine Sonderausstellung gezeigt wurde, fanden die Präsentationen im Krippenmuseum nur geringen Zuspruch. Statt der erwarteten Zunahme an Besucherinnen und Besuchern trat die genau gegenteilige Wirkung ein.

Von der Entwicklung zu einem eigenständigen Krippenzentrum in und für Norddeutschland konnte keine Rede sein. Vielmehr hing das Krippenmuseum mit seinen Besucherzahlen am Tropf des Heimathauses – insbesondere an den weiterhin im Altbaubereich stattfindenden Krippenausstellungen, die ihrerseits aber auch nachlassende Strahlkraft zeigten. Selbst zur Advents- und Weihnachtszeit war die Dauerausstellung im Krippenmuseum weitaus weniger stark besucht als das Heimathaus Münsterland. Die Leute kamen in erster Linie in das Museum, um eine der traditionellen Krippenausstellungen zu besuchen, nicht hingegen das Krippenmuseum mit

255 Vgl. Bericht des Museumsleiters zur Sitzung des Verwaltungsrates und der Gesellschafterversammlung der Museum Heimathaus Münsterland GmbH am 27.11.2003, S. 1 f., Archiv des Museums Relígio Dep. 966

Abb. 82: „Der Stern erleuchtet den Weg auf der Flucht nach Ägypten" Ölgemälde von Luzia Kröning aus Steinfurt

seinen Präsentationen. Für das Publikum war mit der räumlichen Trennung der beiden Museen und ihren unterschiedlichen Bezeichnungen zudem ein beachtliches Verwirrspiel verbunden. Das Krippenmuseum geriet dadurch bereits wenige Jahre nach seiner Gründung in eine Abseitsstellung. Diese durch eine Verlagerung der Krippenausstellung vom Heimathaus in den Kleihues-Bau zu beheben, war aus technischen Gründen nicht möglich.[256] Die Folge war ein unkoordiniertes Nebeneinander von Heimathaus und Krippenmuseum.

Rückblickend hat Ostendorf das Verhältnis beider Institutionen zueinander mit zwei hagestolzen, gemächlich dahinschreitenden Pfauen verglichen, die jahrzehntelang Museumsgeschichte in beeindruckenden Schwänzen hinter sich hergeschleppt hätten,

256 Vgl. ebd. S. 3

Abb. 83: Weihnachtsikone von Hermann Roling aus Lengerich, um 2010

dadurch in ihrem Fortkommen aber ernstlich behindert gewesen seien.[257] Eine Neukonzeption der Museen, die erste für das Heimathaus Münsterland seit seiner Gründung im Jahr 1934, war deshalb eine Forderung, die zunehmend an Gewicht gewann. Ihre Umsetzung allerdings erzwang Konsens in einem insgesamt schwierigen politischen Umfeld. Gleichzeitig konnte und sollte die Pflege der Krippenkultur und des Krippenbrauches nicht ruhen.

Die Krippenausstellungen nach 1994/95 ließen trotz rückläufiger Besucherzahlen und wachsender Besorgnis um die Zukunft des Heimathauses Münsterland kaum Veränderungen erkennen. Im Gegenteil, sie erwiesen sich als Felsen in der Brandung eines unruhiger gewordenen musealen Umfelds. Jahr für Jahr wurden die Krippenausstellungen in gewohnter Weise durchgeführt. Grundlage war die biblische

257 Vgl. ders.: RELIGIO – Westfälisches Museum für religiöse Kultur, in: Katalog zur 71. Krippenausstellung des Heimathauses Münsterland 2011/12, S. 28

Abb. 84: Gezielte Ansprache von Kindern und Jugendlichen

Weihnachtsgeschichte mit dem Themenkreis von der Verkündigung an Maria bis zur Flucht nach Ägypten. Dabei wurden die Ausstellungen auch weiterhin unter eine besondere Überschrift gestellt, um sich der Menschwerdung Gottes aus unterschiedlichen Blickwinkeln nähern zu können. „Auf der Suche nach dem Licht der Welt" (1997/98), „Und es begibt sich in unserer Zeit" (2000/01), „Das Bethlehem-Wunder" (2001/02), „Ein Geschenk des Himmels" (2002/03) und „Unter einem guten Stern" (2004/05) waren einige der Themen, unter die die Krippenausstellungen gestellt wurden.[258] Beworben wurden sie gemeinsam mit dem Krippenmuseum. Dort fanden parallel zur Krippenausstellung ergänzende Ausstellungen zu weihnachtlichen Themen statt: Etwa Weihnachten in anderen Ländern, vom weihnachtlichen Schenken oder zum Christbaumschmuck.

Im Unterschied zu den Besucherzahlen ließ die Zahl der Künstler und Aussteller, die sich an den Krippenschauen beteiligten, nicht nach. Im Gegenteil, das Interesse war nach wie vor groß. Junge und alte Krippenschaffende, professionelle und Laienkünstler drängten weiterhin darauf, ihre Werke zeigen zu können. Viele Krippenschaffende beteiligten sich über Jahre, bisweilen sogar über Jahrzehnte an den Krippenausstellungen.

258 Vgl. a) Katalog zur 57. Krippenausstellung des Heimathauses Münsterland 1997/98, b) Katalog zur 60. Krippenausstellung des Heimathauses Münsterland 2000/01, c) Katalog zur 62. Krippenausstellung des Heimathauses Münsterland 2002/03, d) Katalog zur 64. Krippenausstellung des Heimathauses Münsterland 2004/05

Es verwundert daher nicht, dass sich zwischen den Künstlern und dem Heimathaus oftmals eine persönliche Beziehung entwickelte. Für das Museum bildeten diese Künstler das Rückgrat der Krippenausstellungen. 1999/2000 waren es 130 Krippenschaffende, die mit 145 Arbeiten auf der Krippenausstellung vertreten waren.[259] 2004/05 war die Zahl mit 120 Künstlern und einer annähernd gleich großen Zahl von zeitgenössischen Arbeiten kaum geringer.[260] Die zur Verfügung stehenden räumlichen Kapazitäten waren damit erschöpft. Ausdrücklich wies das Museum die Aussteller darauf hin, jeweils nur eine Krippenarbeit pro Jahr einzureichen. Die Annahme regelte sich dann nach dem zur Verfügung stehenden Platz. Wer nicht berücksichtigt werden konnte, wurde im folgenden Jahr unaufgefordert wieder zur Teilnahme eingeladen.[261]

Die Qualität der Krippenausstellungen war unverändert hoch. Um dem Negativtrend bei den Besucherzahlen entgegenzuwirken, wurden die Ausstellungen durch Rahmenprogramme ergänzt. Dazu zählte neben wechselnden museumspädagogischen Angeboten 1998 ein Malwettbewerb in Kooperation mit der Bistumszeitung „Kirche und Leben". Hinzu kamen Backaktionen, Vorführungen einer Puppenbühne und ein Nikolausbesuch.[262] 2003 wurde die Krippenausstellung erstmals von einem Krippen- und Adventsmarkt im Museum begleitet. 2011 war es ein eigenes Kinderprogramm, das trotz des Museumsumbaus angeboten wurde. Den Kontakt zu den Jugendlichen nicht zu verlieren und gleichzeitig auch ein Stück weit der veränderten gesellschaftlichen Nachfrage infolge des Wandels des Weihnachtsfestes zu einem Konsumfest zu entsprechen, war das Ziel dieser Aktionen.[263]

Großer Wert wurde zur Attraktivitätssteigerung der Krippenausstellungen auf eine gezielte Öffentlichkeitsarbeit gelegt. Sie brachte im Vergleich zu früher eine immer größere Arbeitsbelastung mit sich. Zunehmend verzichteten die Redaktionen aus Personalmangel auf einen eigenen Besuch der Krippenschauen. Stattdessen ließen sie sich Material zur Veröffentlichung aus dem Museum liefern. Trotz der Mehrarbeit lag darin auch ein Vorteil für das Heimathaus, bot sich auf diese Weise doch die Gelegenheit zu selbstgesteuerten inhaltlichen Aussagen.[264] Einen besonderen Stellenwert für das Museum behielten wegen ihrer Multiplikatorwirkung Sendungen in Hörfunk und Fernsehen über die Krippenausstellungen.

Veröffentlichungen in Form der Krippenkataloge, in der Zeitschrift der Landesgemeinschaft der Krippenfreunde „Die Weihnachtskrippe" sowie in anderen Publikationsorganen blieben Bestandteil der Arbeit des Heimathauses Münsterland. Auch wenn

259 Vgl. Bericht des Museumsleiters vom 28.11.2000, S. 1, Archiv des Museums Relígio Dep. 966

260 Vgl. Ostendorf, Thomas: Unter einem guten Stern, in: Katalog zur 64. Krippenausstellung des Heimathauses Münsterland 2004/05, S. 12

261 Vgl. Katalog zur 64. Krippenausstellung des Heimathauses Münsterland 2004/05, S. 64

262 Vgl. Bericht des Museumsleiters zur Sitzung des Verwaltungsrates und der Gesellschafterversammlung der Museum Heimathaus Münsterland GmbH am 20.04.1999, Archiv des Museums Relígio Dep. 966

263 Vgl. Bericht des Museumsleiters zur Sitzung des Verwaltungsrates und der Gesellschafterversammlung der Museum Heimathaus Münsterland GmbH am 27.11.2003, S. 1, a.a.O.

264 Vgl. ebd.

Abb. 85: Plakat zur Krippenausstellung 2005/06

nicht zu allen Krippenausstellungen Krippenkataloge erschienen, gaben sie doch immer wieder einen Einblick in Stand und Entwicklung der Krippenkultur und des Krippenbrauchs in Westfalen. Ostendorf wurde dabei nicht müde, auf Wandlungen in der Krippenkunst zu verweisen. Der Verzicht zeitgenössischer Krippen auf die Darstellung der göttlichen Herkunft Jesu und damit einhergehend die Betonung der Geborgenheit des Kindes in der (bürgerlichen) Familie waren für ihn fast schon Normalität.[265] Die Kreativität des Krippenschaffens sah er aber ungleich größer, vielfältiger. Was er glaubte, in der westfälischen Krippenkultur erkennen zu können, war eine ungebrochene Dynamik, eine Dynamik, die zur Unruhe und zum Nachdenken anregte.[266] Sie galt ihm geradezu als Lebenselexier der Krippenausstellungen.

Während Ostendorf in den Krippenkatalogen vornehmlich einen Überblick über die Krippenausstellungen und die Entwicklung des Krippenwesens gab, setzten sich

265 Vgl. Ostendorf, Thomas: „Unter einem guten Stern“, in: Katalog zur 64. Krippenausstellung des Heimathauses Münsterland 2004/2005, S. 12

266 Vgl. ders: Und es begibt sich in unserer Zeit, in: Katalog zur 60. Krippenausstellung des Heimathauses Münsterland 2000/01, S. 9

Abb. 86: Krippenausstellung in der „Ehrenhalle" des Heimathauses Münsterland, 2007/08

Abb. 87: Krippenausstellung in der ehemaligen Pastoratsscheune des Heimathauses Münsterland, 2007/08

seine Stellvertreterinnen in unterschiedlichen Beiträgen mit speziellen Themen rund um das Advents- und Weihnachtsgeschehen auseinander. 1995/96 befasste sich Christine Aka in einem Beitrag mit der Geschichte und Vielfalt von Papierkrippen, im Jahr danach widmete sie sich im Rahmen einer Zusatzausstellung des Krippenmuseums dem Thema „Adventskalender".[267] Vera Losse präsentierte 1998/99 eine Zusatzausstellung zum Christkind in der Schule und 1999/2000 eine Sonderschau über süße Verführungen zur Advents- und Weihnachtszeit. Beide Ausstellungen begleitete sie mit gesonderten Beiträgen in den Krippenkatalogen.[268] 2000/01 veröffentlichte sie passend zu einer gleichnamigen Ausstellung im Krippenmuseum einen Aufsatz über „Weihnachten im Bild. Der weihnachtliche Festkreis im Spiegel der Grafik des 19. und 20. Jahrhunderts".[269] Eine Gegenüberstellung der „deutschen Weihnacht" mit dem Weihnachtsbrauchtum in anderen Ländern war 2002/03 die Sonderausstellung „Fremde Weihnacht" im Krippenmuseum. Anja Schöne und Thomas Ostendorf veröffentlichten dazu einen längeren Beitrag im Katalog zur 62. Krippenausstellung des Heimathauses Münsterland.[270]

Angesichts der Bedeutung, die den langjährig Krippenschaffenden für das Museum zukam – sie bildeten mit ihren Arbeiten gewissermaßen den Kern der Krippenschauen[271] – wandte sich das Heimathaus in seinen Publikationen auch immer wieder diesen Künstlerinnen und Künstlern zu. 1995/96 waren es Gertraud Lütkemeyer, Georg Sanders und Helga Hauck, deren Werk in einem Krippenkatalog gesondert vorgestellt wurde.[272] Im darauffolgenden Jahr war es das Krippenschaffen der Museumsmitarbeiterin und Laienkünstlerin Anni Schulte, das auf diese Weise eine Würdigung erfuhr.[273] 1998/99 erregte eine überlebensgroße Krippe aus Weymouthskiefer des Bildhauers Willi Potthoff aus Herzebrock Aufmerksamkeit und führte zu einem Beitrag über diesen Künstler im Katalog zur 58. Krippenausstellung des Heimathauses.[274] Und

267 Vgl. a) Aka, Christine: Papierkrippen, in: Katalog zur 55. Krippenausstellung des Heimathauses Münsterland 1995/96, S. 77ff., b) Dies.: Adventskalender: Kinderwelten – Himmelswelten, in: Katalog zur 56. Krippenausstellung des Heimathauses Münsterland, 1996/97, S. 55ff.,

268 Vgl. a) Losse, Vera: Das Christkind, die Schule, der Lehrer und ich, in: Katalog zur 68. Krippenausstellung 1998/99, S. 63ff., b) Dies.: Honigkuchen, Spekulatius, Stutenkerl & Co., in: Katalog zur 59. Krippenausstellung des Heimathauses Münsterland 1999/2000, S. 65ff.

269 Vgl. dies.: Weihnachten im Bild, in: Katalog zur 60. Krippenausstellung des Heimathauses Münsterland 2000/01, S. 59ff.

270 Vgl. Schöne, Anja / Ostendorf, Thomas: Fremde Weihnacht, in: Katalog zur 62. Krippenausstellung des Heimathauses Münsterland 2002/03, S. 70ff.

271 Vgl. Ostendorf, Thomas: Ein Geschenk des Himmels, in: Katalog zur 62. Krippenausstellung des Heimathauses Münsterland 2002/03, S. 9

272 Vgl. a) Ders.: Eine Arche, in: Katalog zur 55. Krippenausstellung des Heimathauses Münsterland 1995/96, S. 11, b) Hegemann, Marianne: Intarsienbilder und Tonplastiken, in: Katalog zur 55. Krippenausstellung des Heimathauses Münsterland 1995/96, S. 22ff., c) Lütkemeyer, Gertraud / Janssens, Peter / Schaube, Werner: Ein Rettungslied, in: Katalog zur 55. Krippenausstellung des Heimathauses Münsterland 1995/96, S. 31ff.

273 Vgl. Hegemann, Marianne: Begegnung mit einer Krippenschnitzerin, in: Katalog zur 56. Krippenausstellung 1996/97, S. 15ff.

274 Vgl. Ostendorf, Thomas: Die große Krippe, in: Katalog zur 58. Krippenausstellung des Heimathauses Münsterland 1998/99, S. 33ff.

Abb. 88: „Bürgerliche Weihnacht“ – gut situierte Familie, Lithographie um 1870

Abb. 89: „Christi Geburt“ von Claudia und Willi Potthoff aus Herzebrock, 2004

2002/03 waren es Edith Krieg, Bernhard Kleinhans und Irmgard Klockenkämper, deren Krippenschaffen im Krippenkatalog besprochen und gewürdigt wurde.[275] Auch in der „Weihnachtskrippe", dem Jahrbuch der Landesgemeinschaft der Krippenfreunde, erschienen Beiträge zu verschiedenen Krippenschaffenden, die in enger Beziehung zum Heimathaus standen. 1998 waren es neben einem Bericht über das Lebenswerk des Holzschnitzers Josef Grasedieck zwei Artikel über den Bildhauer, Maler und Krippenkünstler Rudolf Heltzel aus Berlin sowie den Maler und Bildhauer Wilfried Koch aus Rietberg-Varensell.[276]

End- und Höhepunkt der Krippenausstellungen war stets die Verleihung des bischöflichen Ehrenpreises für vorbildliches Krippenschaffen. Sie erfolgte jeweils im Rahmen einer Feierstunde Ende Januar/Anfang Februar. Wie schon in den zurückliegenden Jahren wurde der Preis an unterschiedliche Gruppen verliehen – an Laienkünstler und professionelle Künstler, an Kinder und Jugendliche sowie an gemeinschaftlich Krippenschaffende. Auswahlkriterien für die Preisvergabe waren das „Unmittelbare des künstlerischen Ausdrucks, das Originelle in der Gestaltung und das Eigenständige in der schöpferischen Gestaltung".[277] 1997 wurde einem Plädoyer des Bildhauers Heinrich Gerhard Bücker folgend die Lebendigkeit einer Darstellung zum primären Entscheidungskriterium für die Preisvergabe:

> „Nicht von künstlerischen Überlegungen, Kriterien einer ‚hohen' Kunst bzw. eines Kunstmarktes oder einem Ästhetizismus ließ [die Jury, R.R.] sich dementsprechend bei der Auswahl der Krippen leiten, sondern vom Ausdruck des Lebensvollen."[278]

Der Vorsitz in der Jury wechselte. Neben dem Bildhauer Bücker nahmen Vertreter der katholischen und evangelischen Kirche sowie Pater Dominikus Göcking von der Landesgemeinschaft der Krippenfreunde diese Aufgabe wahr. Ziel und Zweck der Preisvergabe war die Herstellung von Öffentlichkeit und damit die Werbung für das Krippenschaffen als eine Möglichkeit zur inhaltlichen Auseinandersetzung mit der Menschwerdung Gottes, eine Intention, die nach Auffassung aller Beteiligten in vollem Umfang erfüllt wurde.

Zusätzlich zur Ausstellungstätigkeit im Heimathaus Münsterland und im Krippenmuseum richtete das Museum aus seinen Sammlungsbeständen Krippenausstellungen in anderen Städten und an anderen Orten aus. Zweck war, auch auf diese Weise

---

275 Vgl. ders.: Ein Geschenk des Himmels, a.a.O., S. 9f.

276 Vgl. a) Ders.: Josef Grasedieck – Bildhauer und Krippenkünstler, a.a.O., S. 5ff., b) Ders.: Ein Leben lang – Der Berliner Bildhauer, Maler und Krippenkünstler Rudolf Heltzel, in: Die Weihnachtskrippe, 62. Jb., Telgte/Köln 1998, S. 16ff., c) Ders.: Der einzelne Weise. Eine frühe Krippengestaltung des Bildhauers Wilfried Koch, in: Die Weihnachtskrippe, 62. Jb., Telgte/Köln 1998, S. 23

277 Vgl. Ostendorf, Thomas: Bischof-Heinrich-Tenhumberg-Preis 1996, in: Katalog zur 57. Krippenausstellung des Heimathauses Münsterland 1997/98, S. 28

278 Ders.: Der Bischof-Heinrich-Tenhumberg-Preis 1997, in: Katalog zur 58. Krippenausstellung des Heimathauses Münsterland 1998/99, S. 15

Abb. 90: „Heilige Räume“ – Bronzeplastik von Bernhard Kleinhans aus Sendenhorst (Teilansicht), 1976

für das Anliegen der Krippenkultur und des Krippenbrauches zu werben. 1999 zeigte das Heimathaus zur Advents- und Weihnachtszeit im Altmärkischen Museum in Stendal und in der neu geschaffenen Kolping-Familienfreizeitstätte der Diözese Münster in Mecklenburg-Vorpommern Krippenausstellungen. Nennenswerte Ausleihen von Krippen gingen zudem nach Bad Arolsen und Senden.[279] Im Dezember 2000 präsentierte das Museum in der Evangelischen Marktkirche von Hannover eine mit Hilfe privater Leihgeber zusammengestellte Krippenschau. Zeitgleich wurde in der süditalienischen Stadt Giffoni eine Krippenausstellung aus Telgte gezeigt. Im Gegenzug erhielt das Krippenmuseum 2002 eine Ausstellung italienischer Krippen.[280] 2001 veranstaltete das Heimathaus mit Unterstützung durch die Landesgemeinschaft der Krippenfreunde als Teil einer größeren Ausstellung in der Halle Münsterland eine Sonderschau, mit der allgemein für das Krippenschaffen geworben wurde.[281] Darüber hinaus waren Leihgaben an andere Museen und Einrichtungen für das Heimathaus eine Selbstverständlichkeit – beispielsweise an das Landesmuseum Münster, an das Diözesanmuseum in Graz/Österreich, an das Burghofmuseum in Springe oder auch an unterschiedliche Geldinstitute.[282]

Aller Kritik an der Arbeit der Landesgemeinschaft der Krippenfreunde zum Trotz blieb diese eng mit dem Heimathaus Münsterland verbunden. Vorsitzender war weiterhin Thomas Ostendorf. Ihren Sitz behielt die Geschäftsstelle der Landesvereinigung im

279 Vgl. Bericht des Museumsleiters zur Sitzung der Gesellschafterversammlung der Museum Heimathaus Münsterland GmbH am 27.12.1999, S. 1, a.a.O.

280 Vgl. Bericht des Museumsleiters vom 28.11.2000, S. 2, a.a.O.

281 Vgl. Bericht des Museumsleiters vom 26.11.2001, S. 2, a.a.O.

282 Vgl. Bericht des Museumsleiters zur Sitzung des Verwaltungsrates und der Gesellschafterversammlung der Museum Heimathaus Münsterland GmbH am 05.12.2002, S. 4, a.a.O.

Abb. 91: „Unter dem Stern von Bethlehem“ von Günter Lilge aus Wermelskirchen – Ausgezeichnet mit einem Krippenpreis 2005

Heimathaus. Jahrestagungen und Mitgliederversammlungen fanden unverändert, wenn auch nicht regelmäßig in Telgte statt. Das Jahrbuch „Die Weihnachtskrippe“ erschien bis zum Ende der 1990er Jahre. Das geschah zwar nicht ohne Unterbrechungen, gab dem Heimathaus aber doch immer wieder Gelegenheit, sich mit seiner Arbeit zu präsentieren. Auch in der Jury zur Vergabe des Bischofspreises für hervorragendes Krippenschaffen blieb die Landesgemeinschaft vertreten. Mehrmals leistete sie dem Museum bei der Vermittlung von Ausstellungen und Exponaten hilfreichen Beistand. 1996 erzielte sie mit der Organisation und Durchführung des XV. Weltkrippenkongresses in Köln einen bedeutsamen Erfolg.[283] 2002 beteiligte sie sich an den Jubiläumsfeierlichkeiten zum 50-jährigen Bestehen des Weltverbandes der Krippenfreunde in Barcelona. Als Partner stand die Landesgemeinschaft weiter an der Seite von Heimathaus Münsterland und Krippenmuseums. Für die eigentliche Museumsleitung blieb sie indes ohne Bedeutung.

Die Sammlungstätigkeit des Museums wurde nach der Eröffnung des Krippenmuseums konsequent fortgesetzt. Das geschah in erster Linie durch Schenkungen und Leihgaben. 1996 gelangte auf diese Weise eine kleine Tonkrippe mit hinduistischer

283 Vgl. Dokumentation und Impressionen zum XV. Weltkrippenkongress in Köln vom 27.11. bis 02.12.1996, in: Die Weihnachtskrippe, 61. Jb., Telgte/Köln 1997

Symbolik in den Besitz des Museums. Sie war das Geschenk eines indischen Erzbischofs[284]. Im Jahr 2000 waren es zwei keramische Christ-Geburt-Darstellungen des Telgter Graphikers Franz Crone, die die Sammlung des Heimathauses erweiterten.[285] Ein Jahr später war es die sogenannte Arafat-Krippe, die Aufsehen erregte. Die in lokaler Tradition aus Perlmutt angefertigte Reliefarbeit zeigte Szenen vom Anfang und Ende des Lebens Christi. Als ein Geschenk des seinerzeitigen Palästinenserführers an den Ministerpräsidenten von Nordrhein-Westfalen Wolfgang Clement gelangte sie in Form eines Duplikats in das Museum. Wegen ihrer besonderen Gestaltung erhielt sie einen Ehrenplatz in der Dauerausstellung des Krippenmuseums.[286]

Die Mittel des Heimathauses zum Ankauf von Kunstobjekten waren knapp. Deswegen war das Museum auch auf Drittmittel angewiesen. Finanzielle Unterstützung fand das Heimathaus vornehmlich bei seinem Freundeskreis. Wiederholt gelang es diesem, neben umfangreichen Zuwendungen für die Schriftenreihe zur religiösen Kultur Geld für den Ankauf von Kunstwerken, darunter auch Krippen einzuwerben. Ein Beispiel dafür war die Münsterländer „Holzschuh-Krippe“ von Agathe Henning. Sie konnte 1996 mit Hilfe des Freundeskreises für die Dauerausstellung im Krippenmuseum erworben werden.[287]

An der Notwendigkeit zu einer Neukonzeption von Heimathaus und Krippenmuseum änderten die aufgezeigten Aktivitäten zur Pflege und Förderung der Krippenkultur und des Krippenbrauchs nichts. Das Museum musste sich von Grund auf neu erfinden. Insbesondere musste es auf die Veränderung der gesellschaftlichen Rahmenbedingungen reagieren. Das Münsterland als ein in sich geschlossenes katholisches Land existierte nicht mehr. Nachlassende religiöse Bindungen und geringer werdendes konfessionelles Wissen bei gleichzeitig zunehmender religiöser und kultureller Vielfalt bestimmten das gesellschaftliche Leben. Das bedeutete nicht zwangsläufig ein Nachlassen der Suche nach Spiritualität und Transzendenz, zwang aber zu einer Auseinandersetzung mit religiöser Unterschiedlichkeit und Offenheit. Die Krippenausstellungen waren davon nicht direkt betroffen. Sie bewegten sich schon wegen der allgemeinen Beliebtheit des Weihnachtsfestes eher im Windschatten dieser Entwicklung. Die Diskussion über die Zukunft von Heimathaus und Krippenmuseum fand deshalb auch ohne eine Infragestellung der als überzeugend empfundenen Krippenausstellungen statt.

Der Aufbruch in die Zukunft vollzog sich nur zögerlich. Erste Überlegungen führten zur Einschaltung des Westfälischen Museumsamts des Landschaftsverbandes Westfalen-Lippe. In einer gutachterlichen Stellungnahme setzte sich das Amt mit dem Ist-Stand und den Perspektiven für eine Optimierung der Museumsarbeit auseinander. Organisations- und Kommunikationsfragen standen dabei im Vordergrund. Neben

284 Vgl. Münstersche Zeitung vom 16.19.1996, Archiv des Museums Relígio Dep. 915

285 Vgl. Bericht des Museumsleiters vom 28.11.2000, S. 2, a.a.O.

286 Vgl. a) Münstersche Zeitung vom 21.12.2001, Archiv des Museums Relígio, b) Westfälische Nachrichten vom 21.12.2001, Archiv des Museums Relígio

287 Vgl. Geschäftsbericht des Freundeskreises des Heimathauses Münsterland für das Jahr 1996, Aktenbestand des Freundeskreises

Abb. 92: Jahrbuch der Landesgemeinschaft der Krippenfreunde in Rheinland und Westfalen

Verbesserungen im Detail empfahl das Amt die Bildung eines Wissenschaftlichen Beirats. Er sollte sich losgelöst von Alltagsproblemen mit den lang- und mittelfristigen Perspektiven befassen, den Museen aber auch bei der konkreten Ausstellungsplanung, bei Forschungsprojekten und anderen jährlich anfallenden Entscheidungen zur Seite stehen.[288] Die konstituierende Sitzung dieses Gremiums fand am 27. September 2000 statt.

Ausgangspunkt der Diskussion über Stärken und Schwächen des Heimathauses Münsterland und des Krippenmuseums war eine Vielzahl von Einzelfragen und Problemen. Erst nach und nach entwickelte sich daraus eine Grundsatzdebatte. Dabei spielten neben fachlichen Gesichtspunkten unterschiedliche Interessen und

---

288 Vgl. Westfälisches Museumsamt: Organisationsbeschreibung und Entwicklungsmöglichkeiten der Telgter Museen 1998, S. 5 f., a.a.O.

Abb. 93: „Der Stern von Bethlehem" von Margret Unnewehr aus Telgte, 2010

Abb. 94: „Heilige Familie" von Ewald Böggemann aus Mettingen, 2011

Abb. 95: „Unter einem guten Stern" von Florian und Birgit Ahlhorn aus Telgte, 2004

Abb. 96: „Die Geburt des Herrn Christus“ von Emilia Rus (14 Jahre) aus Temesvar/Rumänien, 2007

Finanzierungsfragen eine erhebliche Rolle. Die Einbeziehung der NRW-Stiftung in die Überlegungen zur Neustrukturierung der Museen war aus rechtlichen Gründen unerlässlich. Der Landschaftsverband Westfalen-Lippe musste als potentieller Geldgeber ebenfalls mit in das Boot einer Neuausrichtung der Telgter Museen geholt werden. Zeitweilig bestimmte die Möglichkeit einer Förderung durch das Landesprogramm „Regionale 2004“ die Diskussion mit.

Die Auseinandersetzungen über die Zukunft des Heimathauses und des Krippenmuseums fanden weitgehend unter Ausschluss der Öffentlichkeit statt. Sie wurden nahezu ausschließlich in den Gremien der Museum Heimathaus Münsterland GmbH und in dem siebenköpfigen Wissenschaftlichen Beirat geführt. Eng in die Beratungen eingebunden waren der Museumsleiter sowie seine Stellvertreterin Anja Schöne, die als

Projektleiterin für die neue Konzeption fungierte. Die Zahl der Papiere und Entwürfe, die den Beratungen zugrunde lagen, wuchs mit der Zeit stark an. Ihr auffallendstes Merkmal war neben dem Konsens über die Entwicklung zu einem Museum für religiöse Kultur ihr Dissens über die damit verbundene inhaltliche Neuausrichtung. Auf der einen Seite stand dabei das Konzept eines „Museums der Diözese Münster", auf der anderen Seite das Konzept eines „Westfälischen Religionsmuseums".[289]

Beide Denkmodelle fanden Befürworter und Gegner. Soweit es die „Traditionalisten" betraf, wollten sie an der christlich-katholischen Tradition des Münsterlandes als bestimmendem Merkmal des Museums festhalten. Aufgrund seiner Geschichte habe das Museum einen spezifischen Charakter, der nicht zuletzt mit der Telgter Wallfahrt, einem Kristallisationspunkt des Fürstbistums Münster, verbunden sei. Worauf es ankomme, sei sich auf diese Substanz des Hauses zu besinnen. Eine umfassende Öffnung in Richtung auf andere Religionen wurde als ein absurdes, nicht leistbares Unterfangen gesehen. Das Museum müsse in der Region beheimatet bleiben und im Partikulären das Besondere herausstellen. Nichtchristliche Religionen sollten in der Sammlung und in den Ausstellungen des künftigen Museums lediglich erläuternd und in vergleichender Absicht Berücksichtigung finden.[290]

Die „Neuerer" hingegen wollten die Zweckbestimmung des Museums deutlich erweitern. Als breit angelegte Einrichtung sollte das Museum den Schwerpunkt der christlichen Religion im regionalen Rahmen Westfalens beibehalten. Zugleich sollten aber die Fragen des Glaubens in Gegenwart und Vergangenheit unter Einbeziehung der Religionen der Welt und ihres Einflusses auf das Leben der Menschen in Westfalen bearbeitet werden. Um diesem Allgemeinheitsanspruch gerecht zu werden, sollte das Museum sowohl seine Sammlungstätigkeit ändern als auch die Außenkontakte zu anderen Religionsgemeinschaften intensivieren. Die Präsentation der Vielfalt des religiösen Lebens und der konfessionellen Unterschiede sei im Übrigen gleichermaßen geeignet, ein religiös wie ein nicht religiös orientiertes Publikum anzusprechen.[291]

Die Meinungsverschiedenheiten über die konzeptionelle Neuausrichtung des Heimathauses Münsterland und des Krippenmuseums waren erheblich. Sie bestimmten in wachsendem Umfang die Arbeit des Wissenschaftlichen Beirats, belasteten aber auch die Arbeit des Museums. Die Irritationen gingen so weit, dass schließlich sogar Befürchtungen über eine weitere Trägerschaft des Heimathauses durch den Kreis Warendorf aufkamen. Von Seiten des Westfälischen Museumsamtes, das durch seinen seinerzeitigen Leiter Helmut Knirim im Wissenschaftlichen Beirat vertreten war, wurde schließlich 2005 ultimativ gefordert, alle Kräfte auf die Neukonzeption des Museums zu

289 Vgl. Ostendorf, Thomas / Schöne, Anja: Museum Heimathaus Münsterland und Krippenmuseum. Exposé zur Neukonzeption vom 19.02.2007/05.02.2008, S. 2, Archiv des Museums Relígio Dep. 1008 a

290 Vgl. Niederschrift der Sitzung des Wissenschaftlichen Beirats der Museum Heimathaus Münsterland GmbH vom 30.11.2005, Top 3, Archiv des Museums Relígio Dep. 1007

291 Vgl. ebd.

Abb. 97: „Der heilige Franziskus kommt mit den Tieren zur Krippe" von Bruder Leo Kohorst OFM aus Hamburg, 1995

konzentrieren. Notfalls sollten alle weiteren Aktivitäten des Museums ruhen. Lediglich die Krippenausstellungen sollten weiterhin stattfinden.[292]

Neben der Dringlichkeit einer Einigung zeigte das den hohen Stellenwert, den die Krippenausstellungen für das Heimathaus hatten. Ihre Fortführung stand für alle, die an den Beratungen beteiligt waren, außer Zweifel. Sie galten als Eckpfeiler des Museums, erfüllten sie mit ihrer Präsentation von historischen und zeitgenössischen Krippen doch gleich mehrere für das Heimathaus Münsterland wesentliche Funktionen:

- Erstens: Sie zeichneten sich durch ein partizipatives und integratives Konzept aus.
- Zweitens: Sie verknüpften Glaubensinhalte und künstlerisches Schaffen in einer für jedermann sichtbaren Art und Weise.
- Drittens: Sie sicherten dem Museum auch in Zeiten sinkender Besucherzahlen einen hohen Bekanntheitsgrad.

292 Vgl. ebd.

Abb. 98: „Geburt Christi“ von Günter Pasda aus Nottuln, 2000

All dies waren jenseits der Frage nach der Neuausrichtung des Museums Funktionen, die erwünscht waren. Unstreitig waren auch andere Themenfelder, auf die sich der Beirat als für das künftige Museum essentiell verständigte. Dazu gehörte die Auseinandersetzung mit der Passion Christi und der Tradition der Hungertücher ebenso wie die Beschäftigung mit der Vielzahl der religiösen Feste und Bräuche, der Wallfahrt und Marienverehrung sowie der Erinnerung an Kardinal von Galen.[293] An dem Dissens in Grundsatzfragen über die Zukunft des Museums änderte das nichts. Die Positionen blieben unverändert. Auf der einen Seite wurde gefordert, sich auf die christliche Kultur zu beschränken und religiöse Gruppen „aus aller Herren Länder“ möglichst nicht zu berücksichtigen. Die breite Öffnung für alle Religionen entspreche wohl dem allgemeinen Bemühen um „political correctness“, sei aber kein Argument für eine entsprechende Museumsorientierung. Auf der anderen Seite wurde die weitgehende Beschränkung auf die christliche Religion als „eine fatale Entwicklung“ für das Museum

293 Vgl. Niederschrift der Sitzung des Wissenschaftlichen Beirats der Museum Heimathaus Münsterland GmbH vom 11.10.2006, Top 3, Aktenbestand des Museums Relígio

bezeichnet und eine Neukonzeption verlangt, die auf die Berücksichtigung einer breit gefassten religiösen Kultur hinauslief.[294]

Eine Verständigung im Wissenschaftlichen Beirat kam nicht zustande. Auch innerhalb der Museumsleitung waren die Meinungen unterschiedlich. Eine Neuausrichtung erfolgte schließlich aber doch. Grundlage war ein von Thomas Ostendorf und Anja Schöne verfasstes Exposé. Es stellte die unterschiedlichen Konzeptionen nicht länger gegeneinander, sondern suchte sie zusammenzuführen, aus zwei Teilen also gewissermaßen etwas Einteiliges zu schmieden.[295] Dabei half der übereinstimmende Wille, das künftige Museum als eine regionale Einrichtung mit volkskundlicher Spezialisierung auf dem Gebiet der religiösen Kultur zu betreiben. Gleichzeitig wurden erste Entwürfe für eine bauliche Erweiterung und Neugestaltung der Ausstellungsbereiche in Angriff genommen sowie die erforderlichen finanziellen Mittel beim Landschaftsverband Westfalen-Lippe und der örtlichen Sparkassen-Stiftung eingeworben. Nicht zuletzt gelang es, das notwendige Benehmen mit der NRW-Stiftung herzustellen. Daraufhin beschlossen der Verwaltungsrat und die Gesellschafterversammlung des Heimathauses Münsterland am 13. Juni 2008 die im Exposé zur Neukonzeption dargestellte nachhaltige Profilierung des Museums zu einem „Westfälischen Museum für religiöse Kultur".[296] Fester Bestandteil der Konzeption war ein eindeutiges Bekenntnis zur Präsentation religiöser Praxis in Form der Krippenkultur und des Krippenbrauches.

---

294 Vgl. Niederschrift der Sitzung des Wissenschaftlichen Beirats der Museum Heimathaus Münsterland GmbH vom 28.02.2007, Top 3, Archiv des Museum Relígio Dep. 1009

295 Vgl. Ostendorf, Thomas / Schöne, Anja: Museum Heimathaus Münsterland und Krippenmuseum. Exposé zur Neukonzeption vom 19.02.2007/05.02.2008, S. 2, a.a.O.

296 Vgl. Niederschrift der gemeinsamen Sitzung des Verwaltungsrats und der Gesellschafterversammlung der Museum Heimathaus Münsterland GmbH vom 12.06.2008, Aktenbestand des Museums Relígio

Aufbruch in die Zukunft

Abb. 99: Relígio mit Pastoratsscheune, Dominikus-Böhm- und Bernd-Kösters-Erweiterungsbau, Anbau für das Telgter Hungertuch und ehemaligem Krippenmuseum

Die Geschichte des engen Verhältnisses zwischen Museum und Krippenwesen konnte infolge des Beschlusses zur Neuaufstellung von Heimathaus und Krippenmuseum ungehindert fortgesetzt werden. Was sich seit 2011 mit dem offiziell als Relígio bezeichneten Museum änderte, waren indes die Rahmenbedingungen für die Pflege von Krippenkultur und Krippenbrauch. Sie waren jetzt in ein breit angelegtes, Stringenz für sich beanspruchendes Konzept der Darstellung und Dokumentation religiöser Kultur in Westfalen eingebettet. Die wesentlichen Neuerungen lassen sich wie folgt zusammenfassen:

- Das Heimathaus Münsterland und das Krippenmuseum wurden zu einer Einheit verschmolzen.
- Das Museum wurde in ein Spezialmuseum mit regionalgeschichtlichem Anspruch umgewandelt.
- Die Präsentation religiöser Kultur wurde zur alleinigen Aufgabe des Museums.
- Der interreligiöse Dialog erhielt einen besonderen Stellenwert für die Arbeit des Museums.
- Die Präsentation handwerklichen Kulturschaffens entfiel als eigenständiger Aufgabenbereich.

Die Neukonzeption des Museums war anspruchsvoll. Sie zielte darauf, als kommunikatives und kulturelles Gedächtnis religiöser Kultur und Frömmigkeit zu dienen. Gleichzeitig sollte sie identitätsfördernd für Einheimische und integrationsfördernd für Zugezogene wirken. Westfalen sollte dabei als eine Region konfessioneller Vielfalt präsentiert werden. Besondere Aufmerksamkeit sollte dem Wandel der Frömmigkeit in Abhängigkeit von gesellschaftlichen Veränderungen zukommen. Zugleich sollte das Museum die individuelle und gesellschaftliche Wirkung glaubensmäßiger Vielfalt veranschaulichen und deutlich machen, dass Frömmigkeit als kulturelles Grundmuster auch in säkularen Kontexten ihre Berechtigung und Bedeutung hat.[297]

Das Konzept des Relígio war weit gefasst. Entsprechend groß war der Handlungsspielraum bei dem Versuch, Tradition und Moderne, das heißt, etabliertes, deutlich katholisch geprägtes Religionsverständnis mit der Unterschiedlichkeit zeitgenössischer Glaubensvorstellungen und Religionen zusammenzubinden. Eine Präzisierung des Konzepts durch die Verabschiedung eines Leitbilds erfolgte nicht. Ein erster Entwurf wurde 2019 verfasst.

Entscheidend für den Erfolg des neu aus der Taufe gehobenen Museums war angesichts der großen thematischen Bandbreite des Konzepts seine Handhabung. Diese war für das Relígio mit erheblichen Herausforderungen verbunden:[298]

- Mit der Erweiterung des religiösen Aufgabenspektrums trat neben das Alte, das Herkömmliche christlich-katholischer Prägung das Neue, das Unbekannte einer vielfältigen Glaubenslandschaft. Beide in sich komplexe Themenbereiche mussten bearbeitet und aufeinander abgestimmt werden.
- Das setzte eine fachliche Expertise voraus, die im Heimathaus nur bedingt vorhanden war und durch Netzwerkbildung erst noch erworben werden musste. Hinzu kam ein weitgehend auf das christlich-religiöse Erbe beschränkter Fundus an Exponaten.
- Der Wandel von einem Heimatmuseum zu einem Regionalmuseum hatte eine Änderung des Adressatenkreises zur Folge. Lokaler Bezug und lokale Bindung wurden tendenziell schwächer. Eine neue – an Religion und Religionsvielfalt interessierte – Klientel musste geworben werden, ohne die örtliche Bodenhaftung zu verlieren.
- Als Institution mit einem über das Münsterland hinausgehenden Geltungsanspruch musste sich das Relígio stärker noch als das Heimathaus Münsterland in Konkurrenz mit anderen nordrhein-westfälischen Museen behaupten. Das Alleinstellungsmerkmal als Religionsmuseum reichte dazu nicht aus.

297 Vgl. Antrag des Heimathauses Münsterland und des Krippenmuseums zur Förderung von Einrichtungsmaßnahmen beim LWL-Museumsamt für Westfalen 2009, Archiv des Museums Relígio Dep. 1043

298 Vgl. Robert, Rüdiger: Mehr als ein Versprechen. Vom Heimathaus Münsterland zum Museum Relígio, a.a.O., S. 232

Abb. 100: Pflege des religiös-kulturellen Erbes, Telgter Hungertuch von 1623 – Kreuztragung

Angesichts der mit diesen Herausforderungen verbundenen Aufgabenfülle verwundert es nicht, dass die Umsetzung der neuen Museumskonzeption durch die Museumsleitung zwar einerseits mit viel Elan, aber andererseits auch mit viel Pragmatismus angegangen wurde.

Der Dauerausstellungsbereich wurde erweitert, vollständig überarbeitet und erstmals aus einem Guss konzipiert. Für das berühmteste Telgter Exponat, das Hungertuch von 1623, wurde eigens ein Neubau errichtet. Es erhielt dadurch eine Unterbringung, die neuesten konservatorischen Erkenntnissen entsprach. In die Gestaltung der Dauerausstellung mit ihren verschiedenen Abteilungen wurden erhebliche finanzielle Mittel investiert. Bereits 2007 hatte Anja Schöne mit einer von ihr kuratierten Ausstellung „Was glauben wir? Zeichen der Frömmigkeit in Westfalen" die Machbarkeit der Neukonzeption des Museums unter Beweis zu stellen gesucht. Eine durchgängige Präsentation der Vielfalt religiösen Lebens in der Dauerausstellung unterblieb jedoch. Mit dem „Tisch der Religionen" wurde lediglich ein erster, wenn auch vielfach gelobter Einblick in das Thema moderner Glaubenswelten und Spiritualität gegeben. Als Solitär spiegelte er sich in den anderen Abteilungen der Dauerausstellung nur begrenzt wider, war also eher eine Verheißung als die Erfüllung eines Programms. Die Schau zur

Abb. 101: Religiöse Offenheit und Vielfalt „Tisch der Religionen“, 2019

„Glaubenslandschaft Westfalen“ setzte sich zwar mit verschiedenen Formen religiöser Praxis, beispielsweise den katholischen Osterbräuchen im Sauerland, der Erweckungsbewegung in Minden-Ravensberg oder der religiösen Pluralität im Ruhrgebiet auseinander, blieb aber primär dem Christentum verhaftet. Das galt auch für die anderen Abteilungen der Dauerausstellung. In den Schauen, die sich mit Festen im Jahreslauf und im Lebenslauf befassten, wurden durchaus einzelne Objekte gezeigt, die das religiöse Brauchtum im Judentum und im Islam betrafen – etwa zur Bar-Mizwa-Feier. Sie bildeten jedoch eher eine Ausnahme als die Regel. Ein Grund war das Fehlen geeigneter Exponate. Diese durch Medienstationen zu ersetzen, diente als ein Erfolg versprechender Versuch zur Kompensation.

Krippenkultur und Krippenbrauch verloren mit der Verschmelzung von Heimathaus und Krippenmuseum zum Relígio ihr eigenes Gebäude. Der Anspruch, ein Krippenzentrum für ganz Norddeutschland zu sein, wurde endgültig aufgegeben. Die Dauerausstellung von Krippen wurde in die Schausammlung für religiöse Feste im Jahreslauf integriert. Ein Schwerpunkt lag dabei auf dem christlichen Weihnachtsfest. Neben historischen und zeitgenössischen Krippen wurden Krippen aus aller Welt gezeigt. Beginnend mit einer Volkskunstkrippe von Heinrich Budde, einer Knubbenkrippe von Josef Grasedieck, einer Krakauer „Szopka“ in Form einer Kathedrale, der Einbaumkrippe von Edward Nangundu aus Tansania bis hin zu historischen Kirchenkrippen reichten und reichen die ausgestellten Exponate, darunter auch eine ursprünglich aus der früheren Jesuitenkirche in Münster – heute Universitätskirche – stammende Wachsfigurenkrippe aus der Zeit um 1820. Die im Stil des Biedermeier gehaltene Krippe besteht aus zehn vollplastischen bekleideten Figuren auf Holzsockeln. Zu sehen ist eine

Abb. 102: „Jesuitenkrippe" mit Wachsfiguren aus der Zeit um 1820 in der Dauerausstellung des Museums Relígio

Anbetung der Heiligen Drei Könige. Diese werden von einem Kameltreiber begleitet, der ein hölzernes, farbig gefasstes Dromedar hält.

Der Versuch, mit der Umwandlung des Heimathauses Münsterland und des Krippenmuseums in das Relígio die geschichtlich bedingte Nachrangigkeit des Dauerausstellungsbereichs zu beseitigen und dadurch den Charakter des Museums als Ganzjahreseinrichtung stärker erkennbar zu machen, änderte nichts an der Dominanz der Wechselausstellungen. Das galt nicht nur im Hinblick auf die Erzeugung öffentlichen Interesses und damit auch auf die Generierung möglichst hoher Besucherzahlen, sondern auch für die Arbeit des Museums selbst.[299] Gleichwohl dient die Dauerausstellung mit ihren unterschiedlichen Schauen als eine zusätzliche Visitenkarte des Relígio, die kontinuierlich Auskunft über die inhaltliche Ausrichtung, die didaktischen Ansätze und die wissenschaftliche Auseinandersetzung mit der religiösen Kultur gab und gibt.[300]

Der Wandel in der religiösen Landschaft Westfalens fand in den Wechselausstellungen des Museums stärkere Berücksichtigung als im Bereich der Dauerausstellung.

299 Vgl. Ostendorf, Thomas: Relígio – Westfälisches Museum für religiöse Kultur, a.a.O., S. 25 f.
300 Vgl. Frankonzept: Zukunftskonzept: Relígio – Westfälisches Museum für religiöse Kultur, a.a.O., S. 16

Abb. 103: Blick in die Ausstellung „Er gehört zu mir. Muslimische Lebenswelten in Deutschland", 2022

Die Umsetzung der neuen Museumskonzeption wurde hier mit großer Intensität vorangetrieben. Den Rahmen dafür gaben zwei Tagungen der Deutschen Gesellschaft für Volkskunde – der heutigen Deutschen Gesellschaft für Empirische Kulturwissenschaft. Gastgebendes Museum war in beiden Fällen das Heimathaus Münsterland bzw. das Relígio. Die Beiträge aus Wissenschaft und Praxis wurden jeweils in Sammelbänden im Auftrag des Museums von der stellvertretenden Museumsleiterin Anja Schöne herausgegeben.[301]

Zeugnisse der Öffnung des Museums in Richtung auf die Religionen der Welt waren Wechselausstellungen, die sich insbesondere mit dem Judentum und dem Islam, aber auch mit dem Buddhismus und Hinduismus auseinandersetzten. Herausragende Präsentationen waren 2017 die Ausstellung zu „Gott^3 – Juden, Christen und Muslime in ihrer Begegnung von Luther bis heute" und 2022 die Ausstellung „Er gehört zu mir – Muslimische Lebenswelten in Deutschland". Umfangreiche Begleitprogramme, ausführliche Kataloge – im Fall der Islamausstellung sogar in Form einer eigenen Buchveröffentlichung[302] – sowie Audioführungen u. a. in türkischer und arabischer Sprache hatten eine deutliche Profilierung des Museums zur Folge. Dazu trugen auch kleinere Ausstellungen zu Themen wie „Pessach – von Exodus bis heute", oder „Geld und Glaube" bei. Zudem gelang es dem Relígio mit Einzelveranstaltungen immer wieder, auf Fragestellungen und Probleme aufmerksam zu machen, die die Weltreligionen betrafen. Das Spektrum der Themen reichte hier vom jüdisch-mittelalterlichen Welterbe der

301 Vgl. a) Schöne, Anja (Hrsg.): Dinge – Räume – Zeiten. Religion und Frömmigkeit als Ausstellungsthema, Münster/New York 2009, b) Schöne, Anja / Groschwitz, Helmut (Hrsg.): Religiosität und Spiritualität, Fragen, Kompetenzen, Ergebnisse, Münster/New York 2014

302 Vgl. dies. / Drees, Malin (Hrsg.): Er gehört zu mir. Muslimische Lebenswelten in Deutschland, Münster/New York 2022

Abb. 104: Seder-Teller in der Ausstellung „Pessach – von Exodus bis heute“, 2021

Stadt Erfurt, der Sichtweise des Koran auf die Mutter Gottes, Glaubensvorstellungen wie Reinkarnation und Nirwana über die tibetisch-buddhistische Tradition der Erstellung eines Sandmandalas bis hin zur Auseinandersetzung mit Gefahren wie Antisemitismus und Muslimfeindlichkeit.

Gleichzeitig hielt das Relígio an den Traditionslinien des Museums fest. Die Zahl der Wechselausstellungen, die sich der Pflege christlicher Kultur widmeten oder zumindest einen christlichen Ausgangspunkt hatten, war keineswegs geringer als die Zahl der Wechselausstellungen zum „Dialog der Religionen und Kulturen“. 2013 zeigte das Museum die Ausstellung „hold und mächtig. Das Bild der Mutter in den Kulturen“. Sie öffnete einen neuen Blick auf Maria und die Marienverehrung. 2014 war es die Ausstellung „Aberglaube“, die auf absurde Heilserwartungen und Irrwege wie die Hexenverfolgungen aufmerksam machte. 2015 befasste sich das Relígio mit dem Thema „Pilgerwelten“. Anlass für die Schau war die Neueröffnung eines Teilstücks des Jakobsweges. Ein Jahr später setzte sich das Museum in der Ausstellung „Vom Allmächtigen zum Leibhaftigen“ mit dem christlichen Glauben als einer Inspirationsquelle für künstlerisches Schaffen in Gegenwart und Vergangenheit auseinander. Die Ausstellung „Verhüllen und Offenbaren“ nahm 2023 die Besucherinnen und Besucher mit auf eine besinnliche Reise, in der die Szenen des Telgter Hungertuches mit den Gewändern und Requisiten der Oberammergauer Passionsspiele verknüpft wurden.

Abb. 105: „Treffen in Telgte“ – Künstlergruppe H2N, 2018

Aspekte nichtchristlicher Glaubensäußerungen fanden in diesen Ausstellungen in unterschiedlichem Maß Berücksichtigung, waren aber zumeist nicht zentral. Interreligiosität war auch für andere Aktivitäten und Arbeiten des Relígio keineswegs immer das ausschlaggebende Merkmal. Ein Beispiel dafür war die Auseinandersetzung mit der sakralen Kunst des 2018 verstorbenen, eng mit dem Museum verbundenen Bildhauers, Malers und Grafikers Rudolf Breilmann. In der Schriftenreihe des Freundeskreises zur religiösen Kultur veröffentlichte das Museum dazu mit der „Inspiration Schöpfung“ eigens einen Bildband.[303] Genau 60 Jahre nach einer Publikation von Paul Engelmeier über das Telgter Hungertuch legte Rudolf Suntrup 2021 zudem eine Handreichung über das Fastenvelum mit Erläuterungen zu den einzelnen Bildfeldern und ihrer theologischen Bedeutung vor.[304] Das Relígio knüpfte damit einmal mehr bewusst an die Traditionslinien des Heimathauses Münsterland an. Das traf anlässlich des 400. Geburtstags des Telgter Hungertuches 2023 auch für die Durchführung eines wissenschaftlichen Kolloquiums über die Gegenwart und Vergangenheit von Fastenvelen zu,

303 Vgl. Pohlmann, Alfred: Rudolf Breilmann. Inspiration Schöpfung, Schriftenreihe des Freundeskreises des Museums Relígio zur religiösen Kultur Bd. 8, Münster 2019

304 Vgl. a) Engelmeier, Paul: Westfälische Hungertücher vom 14. bis 19 Jahrhundert, Münster 1961, b) Suntrup, Rudolf: Das Telgter Hungertuch von 1623, Kleine Schriften des Museums Relígio Bd. 1, Bielefeld 2021

eine Tagung, die wiederum zur Vorbereitung auf eine umfassende Publikation zu diesem Thema genutzt wurde.

So sehr christlich-katholisches Erbe und religiöse Weltoffenheit im Relígio ineinanderflossen, sie zu einer Einheit zusammenzubinden, blieb eine Daueraufgabe. Der Entwicklungs- und Erneuerungsprozess wurde deshalb auch von der Öffentlichkeit nicht vollständig nach- bzw. mitvollzogen. Die Namensgebungen „Heimathaus Münsterland" und „Krippenmuseum" hielten sich im Bewusstsein des Publikums hartnäckig.

Das hatte im Hinblick auf die Krippenausstellungen auch durchaus seine Berechtigung. Eine Folge war, dass es nach der umbaubedingten Schließung des Heimathauses Münsterland und der Wiedereröffnung als Relígio am 28. April 2012 zwar gelang, den Abwärtstrend bei den Besucherzahlen weitgehend zu stoppen, nicht aber umzukehren. Das Gewicht der Krippenausstellungen als Publikumsmagnet blieb – wenn auch auf einem quantitativ niedrigeren Niveau als in der Vergangenheit – bestehen.

Die Besucherfrequenz des RELiGIO bewegte sich zwischen 2012/13 und 2023/24 mit 20.000 Personen pro Jahr in einer Größenordnung, die einem mittelgroßen Museum entsprach. 2016/17 bis 2018/19 wurde diese Zahl allerdings nicht erreicht. Eine Ausnahmesituation stellten auch die Jahre 2020/21 bis 2022/23 dar. Coronabedingt war in diesen Jahren ein Besuch des Museums – wenn überhaupt – nur begrenzt möglich. Angesichts weiterhin allgemein sinkender Besucherzahlen in den Museen war die Besucherfrequenz des Relígio aber insgesamt befriedigend.

Besucherinnen und Besucher des Museums Relígio 2012/13 bis 2023/24

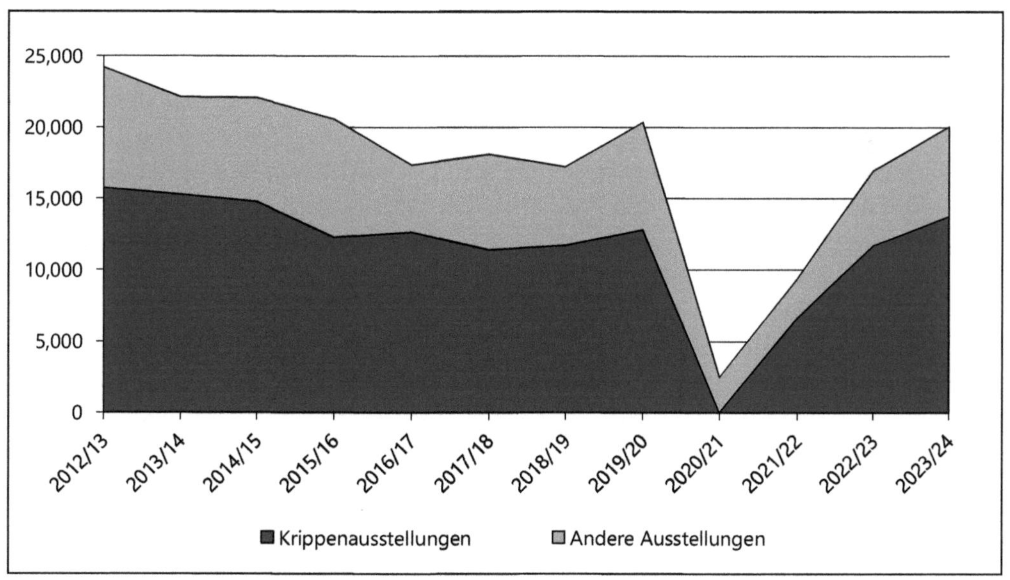

Erläuterung: Zuordnung des Monats Januar jeweils zum Vorjahr – Statistische Angaben des Museums Relígio

Abb. 106: „Schatztruhe" – Gemeinschaftsarbeit von Maria Schlüter mit ihrem Enkel Karl Henri Lütkehaus aus Telgte, 2019

Die Gründe für einen Besuch des Museums waren außerordentlich unterschiedlich. Soweit erkennbar, blieb die Anziehungskraft der Dauerausstellung gering. Nach wie vor waren die Wechselausstellungen für einen Besuch des Museums ausschlaggebend. Die Dominanz der Krippenausstellungen blieb dabei bestehen. Von rund 212.000 Personen, die das Relígio in den Jahren 2012/13 bis 2023/24 besuchten, kamen knapp 140.000 in das Museum, um eine der Krippenausstellungen zu besichtigen. Das waren 66 Prozent aller Museumsbesucherinnen und -besucher. Wird der coronabedingte Ausfall der Besucher der Krippenausstellung 2020/21 fiktiv hinzugerechnet, waren es sogar mehr als Zweidrittel aller Museumsbesucherinnen und -besucher, nämlich gut 70 Prozent, die ausschließlich wegen einer der Krippenausstellungen in das Relígio kamen. Nicht eine der anderen Wechselausstellungen konnte an den Besucherzustrom der Krippenausstellungen anknüpfen – wohl auch, weil sie jeweils in den schlechter frequentierten Sommermonaten stattfanden. Das galt selbst für die inhaltlich außerordentlich anspruchsvolle Ausstellung „Gott³ – Juden, Christen und Muslime in ihrer Begegnung von Luther bis heute". Sie erzielte mit einem Besuch von rund 7.500 Personen allerdings ein gutes Ergebnis. Es war mehr als ein Achtungserfolg, der sich 2022 mit der Ausstellung „Er gehört zu mir – Muslimische Lebenswelten in Deutschland" u. a. coronabedingt nicht wiederholen ließ.

Besucherinnen und Besucher des Museums Relígio im Jahresverlauf

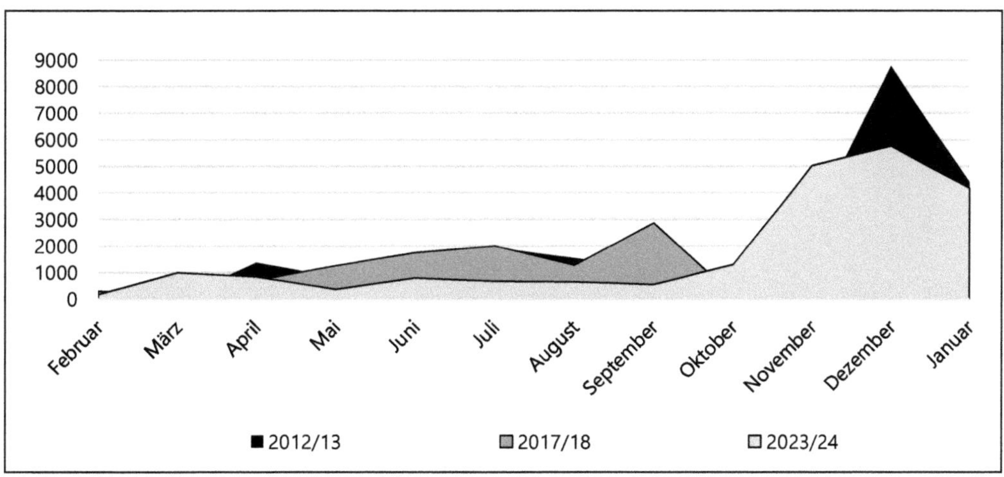

Erläuterung: Zuordnung des Monats Januar jeweils zum Vorjahr – Statistische Angaben des Museums Relígio

Die Frequentierung des Relígio war nicht nur von Ausstellung zu Ausstellung stark unterschiedlich, sondern auch von Monat zu Monat. Das war wiederum im Wesentlichen den Krippenausstellungen geschuldet. Während sich die Vorbereitung und die Nachbereitung dieser Ausstellungen jeweils über einen Großteil des Jahres erstreckten, konzentrierte sich der Besucherzustrom auf wenige Wintermonate. Die höchste Besucherzahl wurde jeweils im Dezember erzielt, gefolgt von den Monaten November und Januar. Die niedrigsten Besucherzahlen wies das Museum zumeist in den Monaten Februar und März auf, teils weil das Museum in dieser Zeit geschlossen blieb, teils auch nur deshalb, weil in dieser Zeit keine Wechselausstellungen stattfanden. In den übrigen Monaten des Jahres schwankte der Besuch des Museums in Abhängigkeit von dem Erfolg der gezeigten Wechselausstellungen. Er erreichte jedoch in keinem Monat eine Größenordnung, die mit der der Krippenausstellungen vergleichbar war.

Ob und inwieweit es dem Relígio gelang, sich neue oder auch nur zusätzliche Besucher und Besuchergruppen zu erschließen, lässt sich abschließend nicht beantworten. Soweit es sich um Ausstellungen und Veranstaltungen handelte, die sich mit der Vielfalt und Unterschiedlichkeit der Religionen jenseits des Christentums befassten, war dies offenbar der Fall, auch wenn der Zuspruch höher hätte ausfallen können. Bei den Krippenausstellungen hingegen änderte sich die Klientel kaum. Wie in der Vergangenheit waren es vor allem ältere Personen, besser Gebildete und Frauen, die in die Ausstellungen zur Advents- und Weihnachtszeit kamen.[305] Rund 60 Prozent der Besucherinnen

305 Vgl. Höge, H.: Evaluation des Relígio – Westfälisches Museum für religiöse Kultur – Telgte, Oldenburg/Telgte 2020, S. 38

Abb. 107: Papierkrippe von Julia Garrison (*2010) aus Münster, 2021/22

Abb. 108: „Eine Weihnachtskrippe, die verbindet“ – Schülerarbeit der Everword-Grundschule aus Warendorf-Freckenhorst, 2023

Abb. 109: „Weihnacht“ von Martin Schonhardt aus Simonswald, 1999

und Besucher der Krippenausstellungen bezeichneten sich als religiös.[306] Was sich nicht änderte, war der Einzugsbereich des Museums. Er erstreckte sich auf einen Radius von etwa 100 km.

Eine Besonderheit war und blieb das Werben um die Einbindung von Kindern und Jugendlichen in die Ausstellungen. Wohl an keinem anderen Beispiel lässt sich überzeugender die Kontinuität in der Arbeit des Museums nachweisen. Schulen und Schulleitungen wurden weiterhin auf die Ausstellungen und die Möglichkeiten zu ihrer Teilnahme und zu ihrem Besuch hingewiesen. Das galt auch für Kindertagesstätten. Um den jeweiligen Einrichtungen die Anreise zu erleichtern, wurden die entstehenden Fahrtkosten erstattet. Für Jugendliche wurde das Alter für den freien Eintritt auf 21 Jahre heraufgesetzt, zusätzlich suchte das Relígio die Anziehungskraft der Ausstellungen mit pädagogischen Begleitprogrammen zu steigern. Ein spezielles Angebot für Kinder und Jugendliche war die „Britische Weihnacht“. Diese als „Christmas-Party“ in Englisch durchgeführten Veranstaltungen gaben einen spielerischen Einblick in Weihnachtsbräuche und Weihnachtskultur jenseits der deutschen Grenzen. Sie waren jeweils mit einer Führung durch die Krippenausstellung verbunden. Als Veranstaltungen erfreuten sie sich großer Beliebtheit. Erstmals Anfang des Jahrhunderts im Rahmen der Ausstellung „Fremde Weihnacht“ durchgeführt zählten sie bis 2024 nahezu 15.000 Teilnehmerinnen und Teilnehmer. Allein in der Advents- und Weihnachtszeit

306 Vgl. ebd. S. 110

2023/24 waren es 24 Schulklassen, die das Angebot buchten. Hinzu kamen noch einmal 21 Schulklassen und 9 Kitagruppen, die ausschließlich die Krippenausstellung besuchten.[307]

Angesichts der sich stark verändernden Zahl und Zusammensetzung der Krippenschaffenden war die Heranführung von Kindern und Jugendlichen – also von Nachwuchskünstlern – an Krippenkultur und Krippenbrauch eine besondere Notwendigkeit. Dabei ging es wie seit der Gründung des Museums um zweierlei, nämlich einerseits die inhaltliche Auseinandersetzung mit der christlichen Botschaft des Weihnachtsfestes, andererseits die künstlerische Verarbeitung und Gestaltung dieser Botschaft. Der Altersdurchschnitt der Krippenkünstler stieg erheblich. Das Hauptfeld der Krippenschaffenden lag 1985 noch zwischen 40 und 65 Jahren. Zwei von drei Künstlern zählten zu dieser Altersgruppe. 2010 ergab sich bereits ein völlig anderes Bild. Knapp zwei Drittel der Aussteller und Leihgeber waren jetzt älter als 65 Jahre.[308] Die Folge war, dass immer mehr Krippenschaffende auf eine Teilnahme an den Krippenausstellungen verzichteten. Das betraf insbesondere Künstler, die sich über viele Jahre immer wieder an den Krippenschauen beteiligt hatten. Die große Gruppe der Laienschnitzer wie Josef Grasedieck oder Stefan Linne und der Modellierkünstlerinnen, die aus Wachs oder Ton gearbeitet hatten, starb nahezu aus.[309] Ein Beispiel war die Keramikerin Helga Hauck, die 2018/19 nach 40 Jahren durchgängiger Teilnahme zum letzten Mal an der Ausstellung mitwirkte.[310] Dem Relígio ging dadurch ein wichtiger Stamm an Krippenkünstlerinnen und Krippenkünstlern verloren. Für sie einen Ersatz zu finden, war nicht leicht. Die an den Krippenausstellungen teilnehmenden Künstler wechselten nun rascher als in der Vergangenheit. Sie kamen, brachten sich mit ihren Botschaften und Ideen einige Jahre in die Arbeit des Museums ein, um sodann die Krippenausstellung wieder zu verlassen. Was verblieb, war ein kleinerer, sich verjüngender Kern von Ausstellern. Zugleich nahm das Gewicht Kunstschaffender aus dem Bereich der Bildenden Kunst und des Kunsthandwerks zu. Sie trugen dazu bei, dass die Krippenausstellungen weiterhin abwechslungsreich und spannend waren.[311]

Nachdem die Krippenausstellungen jahrelang mit einer Veranstaltung im Bürgerhaus eröffnet worden waren, fanden die Veranstaltungen nunmehr in der dem Museum unmittelbar benachbarten Propsteikirche St. Clemens statt. Religion und Glaube wurden auf diese Weise in einen sichtbaren Zusammenhang gesetzt, eine Intention, die dem geschichtlich gewachsenen Selbstverständnis des Museums entsprach. Den inhaltlichen Rahmen für den jeweiligen Festakt gaben die Leitthemen der Krippenausstellungen. Sie waren breit gestreut und reichten von „Ein Stern geht auf" (2011/12) über

---

307 Angaben des Museums Relígio

308 Vgl. Ostendorf, Thomas: Zu Bethlehem geboren – Einführung in die Ausstellung, a.a.O., S. 13

309 Vgl. Schöne, Anja: Weihnachtsfrieden – eine Ausstellung zu zwei Jubiläen, in: Katalog zur 83. Krippenkunstausstellung 2023/24, S. 12

310 Vgl. dies.: Zur Krippe her kommet … Die Telgter Krippenausstellung im Wandel der Zeit, a.a.O., S. 9

311 Vgl. ebd.

Abb. 110: Eröffnung der 82. Krippenausstellung in der Propsteikirche St. Clemens am 5. November 2022 durch die Museumsleiterin Dr. Anja Schöne

„Kommt, sagt es allen weiter" (2012/13), „Lasst uns das Kindlein wiegen" (2013/14), „Sie fanden das Kind" (2014/15), „Heute ist uns der Retter geboren" (2015/16), „Stern über Bethlehem" (2016/17), „Friede auf Erden" (2017/18), „Zur Krippe her kommet" (2018/19), „Auf der Suche nach dem Licht der Welt" (2019/20) und „Geheimnis der Heiligen Nacht 2.0" (2021/22) bis hin zu „Weihnachtsfrieden" (2023/24). Einer Erläuterung des Themas und einem Überblick über die Ausstellung durch den Museumsleiter Thomas Ostendorf bzw. die Museumsleiterin Anja Schöne (seit 2016) folgte jeweils eine Ansprache durch den Propst der Telgter Mariengemeinde. Vertreter des Kreises Warendorf und des Bistums Münster sprachen Grußworte. Im Anschluss an die Veranstaltung hatten die Teilnehmenden Gelegenheit zu einem ersten Besuch der Krippenausstellung.

Der Wandlungsprozess der Krippenschauen war beachtlich. Materialwahl und Gestaltungstechniken nahmen an Bandbreite zu. Während Tonkrippen und holzgeschnitzte Exponate insbesondere bei Laienkünstlern seltener wurden, stieg die Zahl der aus textilen Materialien, Papier, Pappe oder Pappmaché gefertigten Arbeiten deutlich an. Zugleich nahm die Vielfarbigkeit der Exponate zu. Traditionelle Figurenkrippen, mitunter auch Blockkrippen bildeten immer noch den Kern der Ausstellungen, sie waren

Abb. 111: „Nur wer glaubt, kennt das Geheimnis“ von Hans Rothfeld aus Wadersloh, 2020

aber nicht mehr allein bestimmend. An die Stelle dreidimensionaler Objekte traten vermehrt ein- und zweidimensionale Arbeiten, insbesondere Wandbilder. Hinzu kamen, zunächst eher zögerlich, dann mit immer größerer Selbstverständlichkeit Video- und Lichtinstallationen wie 2023/24 das Werk des Münsteraner Kantors für christliche Popularmusik Hans Werner Scharnowski „Komm mit mir auf die Reise“.

Krippen mit aus Holz geschnitzten Figuren wurden in jeder Krippenausstellung gezeigt. Das gilt sowohl für Haus- als auch für Kirchenkrippen. Neben nur in Ausnahmefällen präsentierten älteren Kunstwerken – zumeist aus dem Fundus des Museums – waren es immer wieder neue Krippen, die die Weihnachtsbotschaft zu überbringen suchten. Sie stammten überwiegend von professionellen Künstlern wie Willy Potthoff, Petra Rentrup oder Hans-Bernhard Vielstädte.[312] Daneben waren und sind zunehmend Krippen von Laienkünstlern zu sehen, die mit anderen Materialien und Stilelementen arbeiten. Beispiele dafür sind Werke von Laienkünstlern wie Leo Hungerkamp aus Gescher oder Alex Furtmann aus Bocholt. Während Furtmann 2010/11 eine aus Brennholzscheiten gefertigte stilisierte Figurenkrippe zeigte,[313] mit aus Ton modellierten

312 Vgl. Schöne, Anja: Mittendrin – Kreativität in Pandemiezeiten, in: Katalog zur 82. Krippenausstellung des Museums Relígio 2022/23, S. 10

313 Vgl. Katalog zur 83. Krippenkunst-Ausstellung des Museums Relígio 2023/24, S. 92 f.

Abb. 112: „Konsumkrippe im Fernseher“ von Rudi Bannwarth aus Ettlingen, 2018

Köpfen, die durch einen Kupferstab mit dem jeweiligen Korpus verbunden waren, präsentierte Hungerkamp 2016/17 eine vielfigurige, naiv geschnitzte Krippe aus unbehandeltem Lindenholz in einem Koffer auf Schnitzholzspänen stehend.[314]

Verstärkt ist der Trend zu Arbeiten, die sich kritisch mit dem Weihnachtsfest, mit dem opulenten Festessen, dem Trinken, dem Selfie vor dem Weihnachtsbaum auseinandersetzten. Auf eine kurze Formel gebracht wurde die Abwesenheit vom eigentlichen Inhalt des Festes der Geburt Christi beklagt. Rudi Bannwarth und Catherine Dreher zeigten dazu 2019/20 Krippen, die die Kommerzialisierung und Säkularisierung des Weihnachtsfestes geradezu provozierend darstellten. Nicht der Verzicht auf Attribute des Göttlichen, auf Heiligenschein oder auf Engelfiguren im Zusammenhang mit Weihnachten stand hier zur Diskussion, sondern die Art und Weise des Umgangs mit dem Weihnachtsfest und der göttlichen Botschaft überhaupt.[315] Einige Künstlerinnen und Künstler gingen sogar noch einen Schritt weiter. Ihre Deutung des zeitgenössischen Weihnachtsgeschehens wurde erkennbar radikaler. Ein Sinnbild für diese Entwicklung war die von Claudia Onnebrink gefertigte und 2020/21 in der Krippenausstellung gezeigte Holzkrippe „#wirhabennichtmitgemacht“. Maria, Josef und das Christkind sind

314 Vgl. Katalog zur 76. Krippenausstellung des Museums Relígio 2016/17, S. 58

315 Vgl. Schöne, Anja: Auf der Suche nach dem Licht der Welt – eine Ausstellung der Gegensätze, in: Katalog zur 79. Krippenausstellung des Museums Relígio 2019/20, S. 9

Abb. 113: „Corona – Das Geheimnis des Lebens kommt von innen“ von Franz-Josef Hartmeyer aus Warendorf, 2020

in der Krippe nicht (mehr) zu sehen. Angesichts des Wahnsinns in der Welt haben sie sich aus ihr zurückgezogen.[316]

Zeitkritische Arbeiten wie die Heilige Familie zwischen Pershing-Raketen oder vor den Türmen des zerstörten World Trade Centers hat es in der Krippenausstellung stets gegeben. Durch die Neukonzipierung des Museums zum Relígio änderte sich daran nichts. Allerdings nahmen die Zahl und die Dichte politischer Ereignisse und Krisen, die die Gesellschaft erschütterten, rapide zu. Transformationsprozesse wie der Klimawandel, die Auseinandersetzung mit der Coronapandemie, der Nahostkonflikt und der Krieg in der Ukraine wurden folgerichtig verstärkt zu Themen, die die christliche Weihnachtsbotschaft vom friedlichen und gerechten Zusammenleben der Menschen betrafen. Das Krippenschaffen blieb davon nicht unberührt. 2016/17 zeigte das Museum eine modern gestaltete Krippe von Marlene Moss aus Kiel. Sie verknüpfte die Darstellung der Heiligen Familie mit einer historischen Stadtansicht von Bethlehem. Davor waren Betonstelen zu sehen, die die israelischen Sperranlagen gegenüber den Palästinensern und damit den Unfrieden im Heiligen Land verdeutlichten.[317] Sorgen um den

316 Vgl. dies.: Mittendrin – Kreativität in Pandemiezeiten, a.a.O., S. 11 u. 23
317 Vgl. Katalog zur 76. Krippenausstellung des Museums Relígio 2016/17, S. 80, a.a.O.

Abb. 114: „Friedenskrippe Ukraine“ von Heinz Cosse aus Neuenkirchen, 2022

Erhalt der Umwelt waren ein Motiv der sogenannten Upcycling-Krippen. Durch Wiederverwendung von Altmaterialien betonten sie die Notwendigkeit eines nachhaltigen Umgangs mit der Natur. Ein Beispiel war 2022/23 die aus Altglas und Ton modellierte Krippe „Joy“ der Töpferin Christa Tenkmann aus Rheine.[318] Im Jahr davor war es der Rentner Franz-Josef Hartmeyer aus Warendorf, der sich in seiner Arbeit mit der Coronapandemie auseinandergesetzt hatte. Aller äußeren Bedrängnis zum Trotz hielt er an dem Geheimnis des Lebens als einem von innen kommenden Erlebnis fest.[319] Das Erschrecken über den Ukrainekrieg schlug sich 2023/24 in der dramatischen Inszenierung eines brennenden Hauses mit ukrainischer Flagge nieder, vor dem die Heilige Familie als Friedenssymbol steht. Nicht weniger eindringlich als diese Arbeit von Heinz Cosse aus Neuenkirchen war eine Installation von Konstantin M. Yazigi aus Werne. Sie zeigte ein aus recyceltem Material gefertigtes Fahrzeug, einen Panzer, auf dem eine Krippe als Ausdruck des Wunsches nach (Weihnachts-)Frieden steht. In einer anderen Arbeit wiederum waren es Schülerinnen und Schüler einer Telgter Grundschule, die

318 Vgl. Katalog zur 82. Krippenausstellung des Museums Relígio 2022/23, S. 118, a.a.O.
319 Vgl. Katalog zur 81. Krippenausstellung des Museums Relígio 2021/22, S. 88

Abb. 115: „Leben ist bunt – ich bin bei euch alle Tage bis ans Ende“ von Mechthild Mundry-Arens aus Telgte (Ausschnitt), 2021/22

sich in Form einer Figurenkrippe um ein Peace-Zeichen versammelten und mit kleinen Fähnchen ihre Überlegungen für einen Frieden zum Ausdruck brachten.[320]

So beeindruckend viele der zeitgenössischen und zeitkritischen Krippendarstellungen waren, insgesamt blieben die Krippenausstellungen doch Ausstellungen, die neben Besinnlichkeit auch Freude und Fröhlichkeit ausstrahlten. Dazu trugen nicht zuletzt die Wandbilder bei. Ihre Bandbreite war groß. Sie reichte von Gemälden in unterschiedlichen Stilen, Techniken und Farben, Collagen aus Geschenkpapier, Web-, Klöppel- und Filetstopfarbeiten über Intarsienarbeiten und Kalligraphien bis hin zu Wandbehängen aus Gobelin. Die Mehrzahl dieser Arbeiten waren Laienarbeiten. Bisweilen waren sie inspiriert von Werken bedeutender Künstler wie Raffael, Tiepolo oder van Gogh, dann aber doch wieder schlicht und liebevoll von Kinderhand gefertigt. „Christmas Scene in van Gogh Style“ war eine dieser Arbeiten, die 2018/19 eine Kindergruppe aus Guam zur Krippenausstellung beisteuerte.[321]

---

320 Vgl. Katalog zur 83. Krippenkunst-Ausstellung des Museums Relígio 2023/24, S. 45, 63 u. 71
321 Vgl. Katalog zur 78. Krippenausstellung des Museums Relígio 2018/19, S. 22

Abb. 116: Tiepolo-Variation mit von-Zügel-Einschub von Erwin J. Löhr aus Münster, 2012

Oftmals waren die Wandbilder stilisierte Darstellungen der Heiligen Familie, der Menschwerdung Gottes, des Mythos Maria, der Flucht nach Ägypten oder der Heiligen Drei Könige. Hinzu kamen spezielle Arbeiten, die sich beispielsweise mit dem „Stern über Bethlehem" als einem Wegweiser für die Menschen oder der „Suche nach dem göttlichen Licht" als einem Trostspender, als einem Symbol für Barmherzigkeit und Hilfeleistungen auseinandersetzten. Der Gegenwartsbezug fehlte auch bei den Wandbildern nicht. Dominant war dabei die Sehnsucht nach Frieden. Die Umwandlung von Waffen zu Pflugscharen, die Flüchtlingsproblematik, das Elend von Kindern in der Welt, das Verhältnis der Religionen zueinander, Versöhnung im Großen und im Kleinen waren die beherrschenden Themen dieser Arbeiten.

Ergänzt wurden die Krippenausstellungen mehrfach durch Sonderschauen. 2013/14 waren es Glasarbeiten internationaler Künstler, die die Glasmalerei Peters aus Paderborn als Leihgaben zur Krippenausstellung beisteuerte. Sie veranschaulichten, wie unterschiedlich moderne Glaskunst das Ereignis der Geburt Christi zu interpretieren wusste.[322] 2016/17 präsentierte das Museum in Form eines kleinen Exkurses Linolschnitte, Kohlezeichnungen und Scherenschnitte zum Weihnachtsgeschehen des 2009 verstorbenen Münsteraner Künstlers und Karikaturisten Rudolf Schöppers.[323] Im Jahr darauf waren es Krippen aus Süd- und Mittelamerika, Afrika, Kirgisien und Polen, die die Krippenausstellung bereicherten. Sie stammten aus einer kurz zuvor vom Freundeskreis des Museums erworbenen norddeutschen Sammlung, die Barbara Kruhöffer als Pfarrfrau in über 40 Jahren aus aller Welt zusammengetragen hatte.[324] Auch in anderen Jahren wurden immer wieder ausländische Krippen gezeigt. Sie rückten aber niemals in das Zentrum der Krippenausstellungen. Das Museum blieb sich damit seiner Linie einer Konzentration auf das westfälische Krippenschaffen treu. Die Hommage an den polnischen Volks- und Krippenkünstler Roman Sledz, die das Museum anlässlich seines 70. Geburtstags 2018/19 zeigte, war deshalb auch eine Ausnahme. Gewürdigt wurde mit der Präsentation ein viele Jahre verkannter naiver Künstler mit seinen – wie es hieß – emotionalen Schnitzwerken, die in ihrer Schlichtheit anrühren und die Heilsgeschichte herzergreifend widerspiegeln sollten.[325] Eine Auseinandersetzung mit neuen Ideen des Krippenschaffens waren 2020/21 Exponate der arsLITURGICA, die in einer Sonderschau vorgestellt wurden. Dabei handelte es sich um die Ergebnisse eines künstlerischen Wettbewerbs für eine Weihnachtskrippe in der Gelsenkirchener Propsteipfarrei St. Augustinus. Die Entwürfe wurden in der Krippenausstellung vorgestellt. Sie waren künstlerische Interpretationen für eine zeitgemäße Krippengestaltung in einer Innenstadtkrippe. Die Ausschreibung forderte ausdrücklich den Verzicht auf eine traditionelle Krippendarstellung.[326]

Wie das Heimathaus Münsterland so hatte auch das Relígio ein weit gespanntes Netzwerk von Freunden und Förderern. Sie alle unterstützten die Krippenausstellungen. Einen zunehmend an Bedeutung gewinnenden Partner fand das Museum in seinem Freundeskreis. Er half nicht nur bei der Einwerbung von Drittmitteln, bei der Organisation von Vorträgen, bei Publikationen oder dem Ankauf einzelner Krippen, sondern sorgte mit seinen rund 200 Mitgliedern auch für die gesellschaftliche Verankerung des Relígio vor Ort. Jahrzehntelang hatten enge Beziehungen zwischen dem Museum und dem örtlichen Heimatverein bestanden. Diese schwächten sich allerdings in dem Maß ab, in dem sich das Museum zu einem hauptberuflich und professionell

322 Vgl. o. V.: Lasst uns das Kindlein wiegen, in: Katalog zur 73. Krippenausstellung des Museums Relígio 2013/2014, S. 109 ff.

323 Vgl. Feldmann, Reinhard: Bleistift – Kohle – Scherenschnitt. Das Weihnachtsgeschehen in Bildern Rudolf Schöppers, in: Katalog zur 76. Krippenausstellung des Museums Relígio 2016/17, S. 106 ff.

324 Vgl. Schöne, Anja: Friede auf Erden – Einführung in die Ausstellung, in: Katalog zur 77. Krippenausstellung des Museums Relígio 2017/18, S. 9

325 Vgl. dies.: Zur Krippe her kommet ... Die Telgter Krippenausstellung im Wandel der Zeiten, a.a.O., S. 9

326 Vgl. o. V.: Geheimnis der Heiligen Nacht. Beiträge aus dem Wettbewerb arsLITURGICA 2019, in: Schöne, Anja (Hrsg.): Katalog zur 81. Krippenausstellung des Museums Relígio 2021/22, S. 142 ff.

Abb. 117: „Ruandas Suche nach dem Licht der Welt“ unbekannter Künstler, 1963

betriebenen Spezialmuseum für religiöse Kultur entwickelte. Lockere institutionelle Verbindungen blieben indes bestehen.

Was sich veränderte, waren auch die Beziehungen des Relígio zur Landesgemeinschaft der Krippenfreunde in Rheinland und Westfalen. Mit der Verschmelzung von Heimathaus Münsterland und Krippenmuseum endete für die Landesgemeinschaft die Zeit als Vertragspartner des Museums. Die Zusammenarbeit wurde erneut auf eine freiwillige Basis gestellt. Gleichzeitig ließ die Intensität der Beziehungen nach. 2013 schied Thomas Ostendorf aus seinem Amt als Vorsitzender der Landesgemeinschaft aus. Die Geschäftsstelle der Vereinigung wurde von Telgte nach Köln verlagert. Jahrestagungen der Landesgemeinschaft fanden indes weiterhin im Museum statt. Bestehen blieb auch die Mitarbeit in der Jury zur Vergabe des bischöflichen Ehrenpreises für vorbildliches Krippenschaffen. Nach wie vor beteiligten sich Mitglieder der Landesgemeinschaft an den Krippenausstellungen. Mehrfach wurden von ihnen geschaffene Werke mit einem Ehrenpreis ausgezeichnet.

Abb. 118: „Vision um den Heiligen Franziskus 1223 im Wald bei Greccio" von Anni Schulte aus Rheine, 2023

Als ein Problem stellte sich die Herausgabe des Jahrbuches der Landesgemeinschaft „Die Weihnachtskrippe" heraus. Nach 2001 erfolgte mehr als eineinhalb Jahrzehnte keine Veröffentlichung. Erst seit 2018 gibt es eine Neuauflage in einem Zweijahresrhythmus.[327] Lange Zeit waren deshalb Veröffentlichungen des Museums in dem Jahrbuch nicht möglich. Sie erfolgen auch gegenwärtig nicht. Der Grund liegt in einer Arbeitsüberlastung und Schwerpunktverlagerung des Museums, nicht jedoch in einer Distanz gegenüber der Landesgemeinschaft. Die Beiträge des Jahrbuchs zeigten gleichwohl fachliche Übereinstimmungen in den Interessen und Themen zwischen der Landesgemeinschaft und dem Museum. Ein Beispiel ist die Auseinandersetzung mit dem Thema „Fastentücher". Alois Döring, Vorsitzender der Landesgemeinschaft von 2016 bis zu seinem Tod 2023, hat dazu nicht nur einen Aufsatz in der „Weihnachtskrippe" verfasst, sondern darüber hinaus 2022 auch ein eigenes Buch unter dem Titel „Verhüllungen im sakralen Raum veröffentlicht.[328] Ein anderes Beispiel ist das 800-jährige Jubiläum der

327 Vgl. Weber, Caroline Maria: LG – Quo Vadis? 95 Jahre Landesgemeinschaft der Krippenfreunde in Rheinland und Westfalen, in: Die Weihnachtskrippe, 65. Jb., Münster/New York 2020, S. 28

328 Vgl. a) Döring, Alois: Das Fastentuch (Hungertuch). Revitalisierung in Rheinland und Westfalen im 20. und 21. Jahrhundert, in: Die Weihnachtskrippe, 65. Jb., a.a.O., S. 58 ff., b) Ders. mit einer historischen Einführung von Rudolf Suntrup: Verhüllungen im sakralen Raum. Fastentücher in Rheinland und Westfalen im 20. und 21. Jahrhundert, Münster 2022

Weihnachtsfeier des Heiligen Franziskus von Assisi bei Grecchio. Das Relígio widmete sich diesem Ereignis im Rahmen seiner Krippenausstellung 2023/24. Nahezu zeitgleich befasste sich auch die Landesgemeinschaft mit diesem Thema. In ihrem Jahrbuch 2020 veröffentlichte sie gleich mehrere Beiträge, die sich mit den theologischen, kirchen- und frömmigkeitsgeschichtlichen Fragestellungen dieses Ereignisses auseinandersetzten.[329] Dabei ging es der Landesgemeinschaft wie dem Museum einmal mehr darum zu verdeutlichen, dass die Weihnachtskrippe nicht in erster Linie ein Kunst- oder Kulturobjekt, sondern ein religiöses Zeichen war und ist:

> „Sie steht für die Liebe Gottes zu uns Menschen, die so groß ist, dass er selbst in seinem Sohn Jesus Christus Mensch geworden ist. Das ist der Ursprung von Weihnachten, und hieran will jede Krippendarstellung erinnern."[330]

Diesem Credo verpflichtet ist bis in die Gegenwart auch die Jury zur Vergabe des Krippenpreises des Bischofs von Münster. 1969 gestiftet ist der Preis bis zum Beginn der 2020er Jahre mehr als 50 mal verliehen worden. Das Verfahren blieb dabei weitgehend unverändert: Wahl der Jurymitglieder durch den Verwaltungsrat des Museums, Bestimmung des Jury-Vorsitzes durch die Jurymitglieder, Festlegung der Vergabekriterien wie Originalität, Kreativität und Spontaneität, Unterteilung der Krippenschaffenden bzw. der Exponate nach Gruppen wie Erwachsenen, Jugendlichen und Kindern, Laienkünstlern und professionellen Künstlern, Einzelarbeiten und Gruppenarbeiten sowie abschließend Auswahl der Preisträgerinnen und Preisträger. Keine Auszeichnung erhalten sollten nach Möglichkeit Krippenschaffende, die bereits in den fünf vorangegangenen Jahren einen Preis erhalten hatten, ein Ansinnen, das sich nicht immer durchhalten ließ. Eine Neuerung in der Zeit des Relígio war die Einführung eines Publikumspreises, der den Besucherinnen und Besuchern der Krippenausstellungen die Möglichkeit gab, selbst Einfluss auf die Preisvergabe zu nehmen. Insgesamt waren es bis zu zehn Krippenpreise, die pro Jahr vergeben wurden.

Das geschah in einer Feierstunde, die im Museum stattfand. Auch hier änderte sich das Procedere kaum. Eine musikalische Umrahmung der Veranstaltung sorgte jeweils für festliche Stimmung. Die Laudatio hielt die bzw. der Vorsitzende der Auswahljury. Im Anschluss empfingen die Preisträger ihre Urkunden und ihre anteiligen Geldpreise. Das Bistum Münster maß der Preisvergabe stets einen hohen Stellenwert bei. Das kam nicht zuletzt in der Teilnahme kirchlicher Würdenträger zum Ausdruck. 2014 war es Bischof Felix Genn, der es sich nicht nehmen ließ, aus diesem Anlass persönlich nach

329 Vgl. a) Wahle, Stephan: „Über der Krippe wird ein Hochamt gefeiert". Zur eucharistischen Prägung der Krippenfeier des Heiligen Franziskus, in: Die Weihnachtskrippe, 65. Jb., a.a.O., S. 79 ff., b) Schwarz, Wilfried: Die Heilig-Land-Pilgerreise des Franziskus von Assisi. Ein früher Versuch des Dialogs der Kulturen und Religionen, in: Die Weihnachtskrippe, 65. Jb., a.a.O., S. 89 ff., c) Döring, Alois: „… die Werte des Heiligen wieder bewusst zu machen". Vermittlung von Heiligenleben im Puppenspiel der Gegenwart, in: Die Weihnachtskrippe, 65. Jb., a.a.O., S. 98 ff.

330 Krippenbrief der Landesgemeinschaft der Krippenfreunde in Rheinland und Westfalen, Beilage in „Die Weihnachtskrippe", 65. Jb., Münster/New York 2020, S. 8

Abb. 119 „Der neue Schüler – mitten unter uns" – 2023 mit dem Krippenpreis des Bischofs von Münster ausgezeichnete Arbeit der Telgter Marien-Grundschule

Telgte zu kommen. 2013 und 2024 nahm Weihbischof Stefan Zekorn an der Preisverleihung teil. Im Jahr 2018 war es Generalvikar Norbert Köster.

Das Besondere an der Preisverleihung war die enge Verbindung von Kunst, Kultur und Religion, die sich in dem Krippenschaffen und ihrer Würdigung widerspiegelt. Zugleich war die Preisverleihung ein sichtbares Zeichen der Anerkennung für das Zusammenwirken von Menschen unterschiedlicher Herkunft, unterschiedlichen Alters und unterschiedlicher Profession an einem gemeinsamen Projekt, nämlich der Auseinandersetzung mit dem eigenen Glauben und damit der eigenen Identität. Für das Westfälische Museum für religiöse Kultur war die Preisverleihung ein publikums- und medienwirksames Ereignis, darüber hinaus eine bedeutsame Bestätigung für den Erfolg der geleisteten Arbeit. Nicht zuletzt signalisierte die Veranstaltung das Ende der jeweiligen Krippenausstellung, war aber auch eine Aufforderung, an dem kreativen Akt des Krippenschaffens festzuhalten und sich nach Möglichkeit an der nächsten Krippenausstellung zu beteiligen.

Krippenkunst als Eckpfeiler religiöser Kulturvermittlung

Abb. 120: Museum Relígio zur Advents- und Weihnachtszeit, 2022

Die mehr als 90-jährige Geschichte des Heimathauses Münsterland und des Museums Relígio war durch ein inniges Verhältnis zur künstlerischen Auseinandersetzung mit der Weihnachtsgeschichte und -botschaft gekennzeichnet. Sie unterschied sich in einzelnen Zeitabschnitten allerdings deutlich voneinander.

Für die Jahre zwischen der Gründung des Museums und seiner Schließung im Zweiten Weltkrieg – also die Jahre 1934 bis 1943 – kann eher von einer behutsamen Annäherung gesprochen werden. Das hatte zwei Gründe. Zum einen musste das junge Museum seinen Bezug zum westfälischen Krippenschaffen überhaupt erst herstellen. Das traf sowohl für das dazu notwendige geschichtliche Bewusstsein als auch für das Bemühen um eine Förderung des zeitgenössischen Krippenschaffens zu. Zum anderen galt es in dem prekären Verhältnis zwischen kirchlich-religiösem Anspruch und nationalsozialistischer Ideologie nicht den politischen Boden unter den Füßen zu verlieren. Krippenausstellungen und Krippensammlung blieben noch eher ein Betätigungsfeld am Rand der Museumsarbeit. Dennoch wurden auf dem Gebiet der Erneuerung der westfälischen Krippenkultur erste bemerkenswerte Erfolge erzielt. Mit zunehmender Dauer der nationalsozialistischen Herrschaft wurden die Advents- und Weihnachtsschauen des Museums verstärkt in das Konzept der „Deutschen Weihnacht" eingebunden. Ihr christlich-religiöser Gehalt ging dabei aber nicht verloren.

Die Förderung der Haus-, Familien- und Wohnkultur auf christlicher Grundlage wurde nach der Wiedereröffnung des Heimathauses Münsterland 1947 zum unbestrittenen Markenkern des Museums. Ein Bestandteil dieses Markenkerns waren die Krippenausstellungen. Sie entwickelten sich zu einer Konstanten im Rhythmus der jährlich wechselnden Ausstellungen. Nahtlos fügten sie sich in das Bild einer Renaissance des kirchlich-institutionell verfassten Katholizismus nach dem Zweiten Weltkrieg ein. Normalität bedeutete indes nicht Dominanz der Krippenausstellungen. Das galt auch für die Erweiterung der Krippensammlung und die wissenschaftliche Auseinandersetzung mit der Krippenkultur. Als Baustein im Programm des Museums entwickelte sich das Krippenwesen neben der Pflege der ländlichen Handwerks- und Wohnkultur und der Auseinandersetzung mit dem Wallfahrtsgeschehen und der Marienverehrung lediglich zu einem von mehreren wichtigen Themenfeldern. Die Krippenausstellungen spiegelten allerdings in besonderer Weise die christlich-katholische Ausrichtung des Hauses wider. Die Verleihung des päpstlichen Sylvesterordens an Paul Engelmeier war dafür ein sichtbares Zeichen des Dankes. Als Engelmeier 1971 aus seinem Amt als Museumsleiter ausschied, hatte er ein solides Fundament für die weitere Auseinandersetzung des Heimathauses Münsterland mit dem Thema „Krippenkultur und Weihnachtsbrauch" gelegt.

Die 1970er und frühen 1980er Jahre brachten erhebliche Veränderungen für das Museum. Sie betrafen sowohl die Trägerschaft als auch die Leitung des Heimathauses. Hinzu kamen nachlassende religiöse Bindungen und ein Schwinden des katholischen Milieus. Für die Konzeption des Museums blieb dies noch ohne Bedeutung. Die Krippenausstellungen fanden unverändert statt. Ihr Zulauf stieg erheblich. Maßgeblich dafür war ihr hoher Freizeit- und Unterhaltungswert. Gezeigt wurden weiterhin historische und zeitgenössische, aber zunehmend auch zeitkritische Krippendarstellungen. Die Konzentration auf das westfälische Krippenschaffen schloss die Einbeziehung von Krippen aus anderen Regionen und Landesteilen nicht aus. Präsentationen von Krippen aus dem europäischen Ausland oder gar darüber hinaus blieben aber zumeist eine Randerscheinung. Um die Kreativität anzuregen, wurden die Krippenausstellungen zunehmend unter ein bestimmtes Motto gestellt. Mit dem Erfolg der Krippenschauen stieg der Druck in Richtung auf eine bauliche Erweiterung des Museums. 1983 konnte mit dem Bernd-Kösters-Bau diese Erweiterung in Betrieb genommen werden. Dennoch war und verstand sich das Heimathaus Münsterland weiterhin nicht als Krippenmuseum, sondern als Museum, dass neben der ländlichen Handwerks- und Wohnkultur generell der Präsentation und Vermittlung des kirchlich-religiösen Erbes der Wallfahrtsstadt Telgte verpflichtet war.

Der Übergang in der Museumsleitung von Franz Krins auf Thomas Ostendorf war eine Zäsur in der Arbeit des Museums. Der Publikumsandrang auf die Krippenausstellungen erhöhte sich ständig. Gleichzeitig nahm in ganz Westfalen die Zahl der Krippenschauen zur Advents- und Weihnachtszeit merklich zu. Die Folge war das Streben nach Errichtung eines eigenständigen Krippenmuseums neben dem Heimathaus

Abb. 121: Einladung zum Besuch der Krippenausstellung, 2022/2023

Münsterland. Das geschah in enger Zusammenarbeit mit der Landesgemeinschaft der Krippenfreunde in Rheinland und Westfalen, deren Vorsitz Thomas Ostendorf übernahm. Als Finanzier für das Vorhaben konnte die Nordrhein-Westfalen Stiftung für Heimat, Natur und Kultur gewonnen werden. 1994 konnte der notwendige Baukörper in Form des Kleihues-Baus fertiggestellt werden. Die Pflege der Krippenkultur und des Krippenbrauches wurde damit auf eine Doppelschiene gesetzt: Einerseits auf das Heimathaus Münsterland mit der Beibehaltung der bewährten Krippenausstellungen, andererseits auf das Krippenmuseum mit einem Dauerausstellungsbereich, der in begrenztem Umfang auch die Präsentation von europäischen und außereuropäischen Krippen einschloss. Hinzu kamen im Neubau Sonderausstellungen zu speziellen Themen und Aspekten des Weihnachtsbrauches. Soweit es das zeitgenössische Krippenschaffen betraf, wurden die Arbeiten individueller, vielfältiger und künstlerisch anspruchsvoller. Sie lösten sich zusehends von der Vorstellung überlieferter Krippendarstellungen. In vielen Fällen kritisierten sie gesellschaftliche Missstände.

Die hochgesteckten Erwartungen in das Krippenmuseum erfüllten sich nicht. Bereits im Jahr nach der Eröffnung sanken die Besucherzahlen. Von der Entwicklung des Museums zu einer „Akademie für Volkskunst“ konnte keine Rede sein. Allerdings waren von dem Rückgang der Besucherzahlen nicht nur die Krippenausstellungen betroffen, sondern alle Ausstellungen des Heimathauses Münsterland und des Krippenmuseums. Das führte schlussendlich zu einer Verschmelzung beider Institutionen zum „Relígio – Westfälisches Museum für religiöse Kultur“. Im Rahmen dieses neuen, seit 2016 von Anja Schöne geleiteten Museums behielt die Präsentation der Krippenkunst einen hohen Stellenwert. Sie fügte sich jedoch organischer in das Gesamtkonzept des

Abb. 122: Rauminstallation der Gruppe tx02 in der Krippenausstellung, 2022/23

Abb. 123: Blick in die Krippenausstellung 2022/23

Museums ein. Die Krippenausstellungen wurden fortgesetzt. Andere Sonderausstellungen, die sich mit der Pluralisierung der Glaubenslandschaft und dem interreligiösen Dialog befassten, wurden zum zweiten konzeptionellen Standbein. Den Krippenausstellungen tat dies keinen Abbruch. Sie veränderten sich zwar in Stil und Gestaltung – beispielsweise durch Video- und Lichtinstallationen –, wurden ausgelöst durch gesellschaftliche Krisensituationen auch noch einmal ein Stück zeitkritischer, blieben aber doch durch ein bemerkenswertes Neben- und Miteinander von Fröhlichkeit und Lebendigkeit, Besinnlichkeit und Nachdenklichkeit bestimmt. Weiterhin waren sie es, die im Verlauf eines Jahres die bei weitem größte Zahl von Besucherinnen und Besuchern in das Museum lockten.

Bewerten lässt sich die Präsentation und Vermittlung der Krippenkultur durch das Heimathaus Münsterland und das Museum Relígio unterschiedlich. Wird der Blick ausschließlich auf das Krippenwesen als einem wichtigen Bestandteil religiöser Alltagkultur gerichtet, fällt das Urteil nahezu zwangsläufig positiv aus. Und das gleich aus mehreren Gründen. Lange Zeit war die Krippenkunst Westfalens nahezu eine Unbekannte. Sie aus ihrem „Dornröschenschlaf" geweckt zu haben, ist ein unbestreitbares Verdienst des Museums und seines Gründers Paul Engelmeier. Gleichzeitig ist dem Museum eine Revitalisierung, ja eine Renaissance des westfälischen Krippenschaffens gelungen. Neben Kindern und Jugendlichen hat es Erwachsenen, professionellen Künstlern und Laienkünstlern immer wieder einen Anreiz zum Krippenschaffen und die dazu notwendige Bestätigung für ihre Arbeit gegeben. Mit der Strahlkraft der Krippenausstellungen hat es zudem Hunderttausende von Besucherinnen und Besuchern mit dem Thema der Geburt Christi in Verbindung gebracht. Dabei ging es keineswegs nur um ein ehrfürchtiges Bestaunen von Kunstwerken, sondern letztlich um einen Dialog zwischen Mensch und Religion. Selbstvergewisserung und gesellschaftlicher Zusammenhalt waren Themen, die in diesem Zusammenhang zur Diskussion standen. Dass es dabei immer wieder Verschiebungen und Veränderungen gab, zeigte sich an der Unterschiedlichkeit und wachsenden Vielfalt der Krippendarstellungen. Diesen Wandel sichtbar gemacht, sich ihm nicht entgegengestellt oder ihn übersehen zu haben, ist Bestandteil des Erfolgs des Museums. Dazu gehört auch, dass sich das Museum nicht auf die Präsentation von Krippen beschränkt, sondern über Jahrzehnte Krippen gesammelt hat. Wertvolle Objekte wurden durch konservatorische Maßnahmen erhalten. Der Krippenbestand wurde wissenschaftlich dokumentiert. Forschungsergebnisse wurden in Krippenkatalogen und Aufsätzen publiziert. Mit über 1.500 Krippen und über 1.400 Objekten zum Weihnachtsfest verfügt das Relígio derzeit über eine der größten Sammlungen zu diesem Themenbereich in Norddeutschland.

Der Erfolg des Museums mit den Krippenausstellungen hat aber auch eine „Schattenseite". Er verschleiert, dass das Museum weder als Heimathaus Münsterland noch als Westfälisches Museum für religiöse Kultur jemals ein reines Krippenmuseum war oder sein wollte. Dennoch hat sich diese Bezeichnung seit dem Ende der 1970er Jahre im Volksmund festgesetzt. Eines besseren Beweises für die Identifikation der Bevölkerung

Besucherinnen und Besucher des Heimathauses Münsterland und des Museums Relígio 1934/35 bis 2023/24

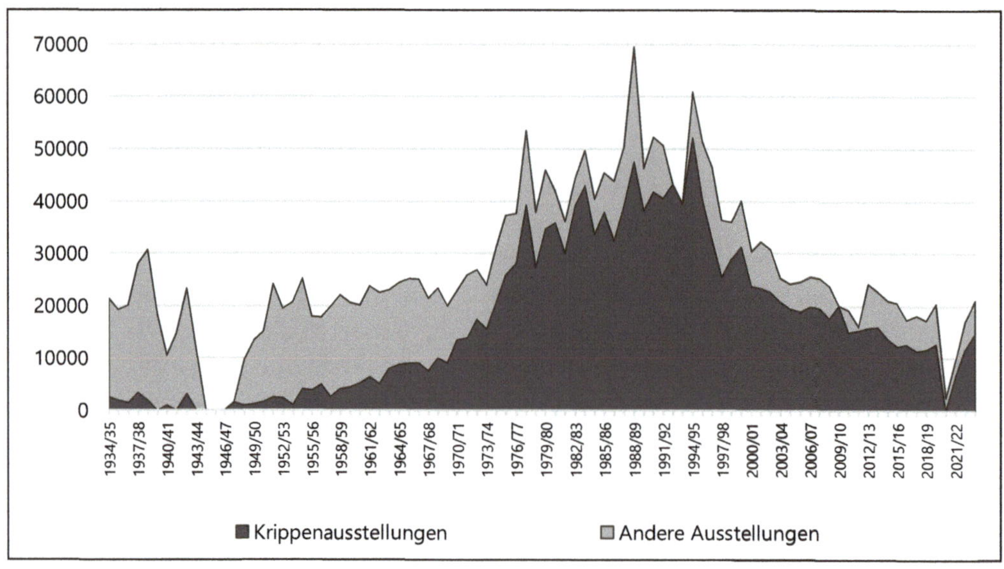

Erläuterung: Zuordnung des Monats Januar jeweils zum Vorjahr – Statistische Angaben des Museums Relígio

Abb. 124: Dauerausstellung im Josef Paul Kleihues-Erweiterungsbau, 2012

Abb. 125: Westfälisches Museum für religiöse Kultur Herren- und Kapellenstraße, 2018

mit dem Museum hätte es nicht bedurft. Den Kern dieser Identifikation bildeten die Krippenausstellungen. Das war einerseits ein Zeichen der Anerkennung, andererseits ein Zeichen für eine unerwünschte Verengung der Sichtweise auf das Museum. Anja Schöne hat die Bezeichnung Krippenmuseum deshalb rückblickend auch als ambivalent für das Museum bezeichnet: Zum einen sei das inhaltliche Spektrum des Museums seit seiner Gründung eben in jedem Fall erheblich breiter gewesen, zum anderen sei das Museum dadurch zu einem Saisonbetrieb gemacht worden, was sich erschwerend auf die Besucherzahl in den Sommermonaten ausgewirkt habe.[331] Die Bemerkung enthält eine richtige Feststellung und eine diskussionswürdige Schlussfolgerung. Richtig ist, dass sich in der Geschichte des Museums ein großes Gewicht – zeitweilig vielleicht sogar ein Übergewicht – in der Bedeutung der Krippenausstellungen herausgebildet hat. Diskussionswürdig ist der Verweis auf die Verantwortung für die Konzentration des Besucherzustroms auf die Wintermonate. Sie lag nicht beim Publikum, sondern beim Museum. Das hat sich auch mit der Neuausrichtung als Relígio nicht geändert. Die außerordentliche Beliebtheit der Krippenausstellungen resultiert aus ihrer Alltagsnähe. Das gilt für eine Vielzahl von anderen Ausstellungen und Aktivitäten des Museums nur bedingt. Ihr Abstraktionsgrad ist oftmals höher, ihre Entfernung vom Publikum größer. Das trifft auch für Teile der Dauerausstellung einschließlich der Präsentation des Hungertuchs zu. Nach wie vor kommen zwei von drei Besucherinnen und Besuchern nur in das Museum, weil sie eine der Krippenausstellungen sehen wollen. Sie bilden damit – soweit es das Publikum angeht – ein solides Fundament für die Arbeit des Relígio. Überspitzt formuliert führt dies dazu, dass der Ruf des Museums als Krippenmuseum zwar nicht mit der Konzeption des Museums übereinstimmt, dass dieser Ruf aber doch eine Art Bestandsgarantie für das Westfälische Museum für religiöse Kultur ist. Ohne die Krippenausstellungen könnte das Relígio seinen Aufgaben als kulturgeschichtliches Spezialmuseum, in dem die religiöse Kunst und Kultur interdisziplinär für Westfalen und darüber hinaus präsentiert wird, nicht nachkommen. Die Krippenausstellungen weisen somit in ihrer Bedeutung weit über sich selbst hinaus. Als Eckpfeiler für die religiöse Kulturpflege in Telgte sind sie unverzichtbar.

331 Vgl. Schöne, Anja: Geheimnis der Heiligen Nacht 2.0 – Eine Ausstellung im Schatten der Coronaepidemie, in: Katalog zur 81. Krippenausstellung 2021/22, S. 11

Literatur

Monographien, Editionen, Gutachten

Aka, Christine: Jesuskind und Weihnachtsmann. Krippenmuseum Telgte, Hrsg.: Museum Heimathaus Münsterland GmbH, Telgte 1995

Beaugrand, Günter: Kardinal von Galen. Der Löwe von Münster, Schriftenreihe des Freundeskreises des Heimathauses Münsterland zur religiösen Kultur Bd. 5, Münster 1996

Beßelmann, Karl-Ferdinand: Stätten des Heils. Westfälische Wallfahrtsorte des Mittelalters, Schriftenreihe des Freundeskreises des Heimathauses Münsterland zur religiösen Kultur Bd. 6, Münster 1998

Döring, Alois (mit einer historischen Einführung von Rudolf Suntrup): Verhüllungen im sakralen Raum. Fastentücher in Rheinland und Westfalen im 20. und 21. Jahrhundert, Münster 2022

Engemann, Karl-Heinz: Die Weihnachtskrippen der Propsteikirche zu Telgte. Geschichte und Bestand, Telgte 1985

Engelmeier, Paul: Westfälische Hungertücher vom 14. bis 19. Jahrhundert, Münster 1961

Erlemann, Hildegard: Die heilige Familie – Ein Tugendvorbild der Gegenreformation im Wandel der Zeit – Kult und Ideologie, Schriftenreihe des Freundeskreises des Heimathauses Münsterland zur religiösen Kultur Bd. 1, Münster 1993

Freitag, Werner: Volks- und Elitenfrömmigkeit in der Frühen Neuzeit. Marienwallfahrten im Fürstbistum Münster, Veröffentlichungen des Provinzialinstituts für Westfälische Landes- und Volksforschung des Landschaftsverbandes Westfalen-Lippe Bd. 29, Paderborn 1991

Ders.: Heiliger Bischof und moderne Zeiten. Die Verehrung des heiligen Ludger im Bistum Münster, Schriftenreihe des Freundeskreises des Heimathauses Münsterland zur religiösen Kultur Bd. 4, Münster 1995

Frese, Werner / Ostendorf, Thomas: Die Mauritzer Franziskanerinnen, Schriftenreihe des Freundeskreises des Heimathauses Münsterland zur religiösen Kultur Bd. 2, Münster 1994

Gabriel, Karl: Christentum zwischen Tradition und Postmoderne, Frankfurt/Basel/Wien 1992

Heckel, Ursula: Das Heimathaus Münsterland in Telgte. Eine Befragung zur Struktur und Motivation seiner Besucher, Schriftenreihe des Museums Heimathaus Münsterland, Heft 2, Telgte 1988

Heimathaus Münsterland (Hrsg.): Alle Jahre wieder … seit 1934. Krippenausstellungen im Heimathaus Münsterland Telgte, Telgte 1984

Höge, H.: Evaluation des Relígio – Westfälisches Museum für religiöse Kultur, Telgte, Oldenburg/Telgte 2020

Oberkrome, Willi: „Deutsche Heimat“. Nationale Konzeption und regionale Praxis von Naturschutz, Landschaftsgestaltung und Kulturpolitik in Westfalen-Lippe und Thüringen (1900–1960), Paderborn/München/Wien/Zürich 2004

Ostendorf, Thomas: Zeit und Ewigkeit. H. G. Bücker, Vellern, Schriftenreihe des Freundeskreises des Heimathauses Münsterland zur religiösen Kultur Bd. 7, Münster 2006

Paris, Bernhard: Der Heimatverein Telgte 1900–2000, Schriftenreihe des Museums Heimathaus Münsterland Bd. 4, Dülmen 2000

Pluis, Jan: Bijbeltegels – Bibelfliesen: Biblische Darstellungen auf niederländischen Wandfliesen vom 17. bis zum 20. Jahrhundert, Schriftenreihe zur religiösen Kultur Bd. 3, Münster 1994

Pohlmann, Alfred: Rudolf Breilmann. Inspiration Schöpfung, Schriftenreihe des Freundeskreises des Museums Relígio zur religiösen Kultur Bd. 8, Münster 2019
Robert, Rüdiger: Telgte im 20. Jahrhundert. Sozialdemokratie, Parteiensystem und gesellschaftlicher Wandel, Warendorf 1997
Ders.: Unterm Hakenkreuz. Entstehung und Anfänge des Heimathauses Münsterland im katholischen Telgte, Schriftenreihe des Museums Relígio Bd. 5, Münster/New York 2019
Ders.: Mehr als ein Versprechen. Vom Heimathaus Münsterland zum Museum Relígio, Schriftenreihe des Museums Relígio Bd. 6, Münster/New York 2021
Schöne, Anja (Hrsg.): Dinge – Räume – Zeiten. Religion und Frömmigkeit als Ausstellungsthema, Münster/New York 2009
Dies. / Groschwitz, Helmut (Hrsg.): Religiosität und Spiritualität, Fragen, Kompetenzen, Ergebnisse, Münster/New York 2014
Dies. / Drees, Malin (Hrsg.): Er gehört zu mir. Muslimische Lebenswelten in Deutschland, Münster/New York 2022
Suntrup, Rudolf: Das Telgter Hungertuch von 1623, Kleine Schriften des Museums Relígio Bd. 1, Bielefeld 2021

Aufsätze, Vorträge, Reden

Aka, Christine: Papierkrippen, in: Katalog zur 55. Krippenausstellung des Heimathauses Münsterland 1995/96, S. 77–79
Dies.: Adventskalender: Kinderwelten – Himmelswelten, in: Katalog zur 56. Krippenausstellung des Heimathauses Münsterland 1996/97, S. 55–67
Alshut, Bernhard: Krippen in Westfalen, in: Die Weihnachtskrippe, 61. Jahrbuch der Landesgemeinschaft der Krippenfreunde in Rheinland und Westfalen, Telgte/Köln 1997, S. 43–46
Brandenburg, Franz-Josef: Franz Kött – vom Landwirt zum Bildhauermeister, in: Die Weihnachtskrippe, 64. Jahrbuch der Landesgemeinschaft der Krippenfreunde in Rheinland und Westfalen, Münster/New Yorck 2018, S. 31–39
Dausend, Hugo: Weihnachten im deutschen Raum, in: Die Weihnachtskrippe, 13. Jahrbuch der Landesgemeinschaft der Krippenfreunde in Rheinland und Westfalen, Regensburg 1937, S. 10–14
Döring, Alois: Das Fastentuch (Hungertuch). Revitalisierung in Rheinland und Westfalen im 20. und 21. Jahrhundert, in: Die Weihnachtskrippe, 65. Jahrbuch der Landesgemeinschaft der Krippenfreunde in Rheinland und Westfalen, Münster/New York 2020, S. 58–78
Ders.: „... die Werte des Heiligen wieder bewusst zu machen". Vermittlung von Heiligenleben im Puppenspiel der Gegenwart, in: Die Weihnachtskrippe, 65. Jahrbuch der Landesgemeinschaft der Krippenfreunde in Rheinland und Westfalen, Münster/New York 2020, S. 98–110
Drücker, Friedrich: Kreuz und Leid von unseren Krippenfreunden. Den Toten zum Gedächtnis, in: Die Weihnachtskrippe, 17. Jahrbuch der Landesgemeinschaft der Krippenfreunde in Rheinland und Westfalen, Regensburg 1949, S. 41–42
Ders.: Rückblick zum 25-jährigen Jubiläum, in: Die Weihnachtskrippe, 18. Jahrbuch der Landesgemeinschaft der Krippenfreunde in Rheinland und Westfalen, Regensburg 1950, S. 3
Engelmeier, Paul: Die Entdeckung einer neuen Münsterländer Volkskunstkrippe, Skript Dezember 1934, Archiv des Museums Relígio Dep. 467

Ders.: Die Weihnachtskrippe in der Münsterländer Volkskunst, in: Die Weihnachtskrippe, 12. Jahrbuch der Landesgemeinschaft der Krippenfreunde in Rheinland und Westfalen, Regensburg 1936, S. 22–29

Ders.: Westfälische Krippenkunst – Skript 1936, Archiv des Museums Relígio Dep. 472

Ders.: Krippenausstellungen im Heimathaus Münsterland Telgte, in: Die Weihnachtskrippe, 20. Jahrbuch der Landesgemeinschaft der Krippenfreunde in Rheinland und Westfalen, Werl 1953, S. 20–22

Ders.: Neues weihnachtliches Brauchtum in Westfalen, in: Die Weihnachtskrippe, 24. Jahrbuch der Landesgemeinschaft der Krippenfreunde in Rheinland und Westfalen, Werl 1957, S. 13–17

Ders.: Weihnachtskrippen im Dienste der Verkündigung. Zur Bensberger- und Telgter Krippenschau Weihnachten 1965/66, in: Die Weihnachtskrippe, 33. Jahrbuch der Landesgemeinschaft der Krippenfreunde in Rheinland und Westfalen, Köln 1966, S. 49–50

Ders.: Black Nativity, in: Die Weihnachtskrippe, 35. Jahrbuch der Landesgemeinschaft der Krippenfreunde in Rheinland und Westfalen, Köln 1968, S. 46–47

Ders.: Westfälische Weihnachtskrippen, in: Weihnachtskrippen aus Polen und Westfalen, Katalog zur 29. Krippenausstellung 1969/70 des Heimathauses Münsterland, S. 14–24, Archiv des Museums Relígio Dep. 193

Ders.: Weihnachtskrippen aus dem Erzgebirge, Sudentenland und Westfalen, in: Die Weihnachtskrippe, 38. Jahrbuch der Landesgemeinschaft der Krippenfreunde in Rheinland und Westfalen, Köln 1971, S. 19–22

Engemann, Karl-Heinz: Die „Sühne-Krippe“ der Propsteikirche in Telgte, in: Die Weihnachtskrippe, 52. Jahrbuch der Landesgemeinschaft der Krippenfreunde in Rheinland und Westfalen, Telgte/Köln 1985, S. 27–39

Ders.: Krippenfiguren als Zugabe. Die „Margarine-Figürchen“, in: Katalog zur 47. Krippenausstellung des Heimathauses Münsterland 1987/88, S. 29–39

Feldmann, Reinhard: Bleistift – Kohle – Scherenschnitt. Das Weihnachtsgeschehen in Bildern Rudolf Schöppers, in: Katalog zur 76. Krippenausstellung des Museums Relígio 2016/17, S. 106–115

Göcking, Dominikus: 50 Jahre Landesgemeinschaft. Ein Rückblick in ihre Geschichte, in: Die Weihnachtskrippe, 42. Jahrbuch der Landesgemeinschaft der Krippenfreunde in Rheinland und Westfalen, Telgte 1975, S. 17–20

Goeken, Josef: Krippenbrauchtum im Kreise Warendorf/Ems, in: Die Weihnachtskrippe, 18. Jahrbuch der Landesgemeinschaft der Krippenfreunde in Rheinland und Westfalen, Regensburg 1950, S. 33–39

Ders.: Die Warendorfer Krippenschau, in: Die Weihnachtskrippe, 20. Jahrbuch der Landesgemeinschaft der Krippenfreunde in Rheinland und Westfalen, Werl 1953, S. 43–44

Hanada, Heike: Festvortrag aus Anlass des 25-jährigen Bestehens des Museumsneubaus von Josef Paul Kleihues am 29.1.2019 – maschinenschriftliches Skript, S. 1–7

Hasenkamp, Johannes: Die Hoffnung der ganzen Welt. Die Telgter Krippen – Weihnachten 1973, in: Die Weihnachtskrippe, 41. Jahrbuch der Landesgemeinschaft der Krippenfreunde in Rheinland und Westfalen, Telgte, S. 42–44

Hegemann, Marianne: Intarsienbilder und Tonplastiken, in: Katalog zur 55. Krippenausstellung des Heimathauses Münsterland 1995/96, S. 22–30

Dies.: Begegnung mit einer Krippenschnitzerin, in: Katalog zur 56. Krippenausstellung des Heimathauses Münsterland 1996/97, S. 15–20

Koensler, Franz Josef: Die Weihnachtsgeschichte in aller Welt. Eine philatelistische Betrachtung, in: Katalog zur 48. Krippenausstellung des Heimathauses Münsterland 1988/89, S. 10–22

Krins, Franz: Nachrichten über Weihnachtskrippen in Westfalen, in: Rheinisch-Westfälische Zeitschrift für Volkskunde, 16. Jg., Münster 1969, S. 250–251

Ders.: Weihnachtskrippen in Westfalen. Übersichtskarte zu ihrer Geschichte, in: Die Weihnachtskrippe, 43. Jahrbuch der Landesgemeinschaft der Krippenfreunde in Rheinland und Westfalen, Telgte/Köln 1976, S. 26–27

Ders.: „Vor Hüls und Moos". Zur Geschichte der Weihnachtskrippe in Westfalen, in: Die Weihnachtskrippe, 44. Jahrbuch der Landesgemeinschaft der Krippenfreunde in Rheinland und Westfalen, Telgte/Köln 1977, S. 35–37

Ders.: Zwei Westfälische Votivgaben. Sie haben Weihnachtsdarstellungen zum Inhalt, in: Die Weihnachtskrippe, 45. Jahrbuch der Landesgemeinschaft der Krippenfreunde in Rheinland und Westfalen, Telgte/Köln 1978, S. 107–109

Ders.: Krippenbilder, Weihnachtsbögen, Faltkrippen und Krippen-Triptychen im Heimathaus Münsterland zu Telgte, in: Die Weihnachtskrippe, 47. Jahrbuch der Landesgemeinschaft der Krippenfreunde in Rheinland und Westfalen, Telgte/Köln 1980, S. 82–85

Ders.: Porzellan als Werkstoff. Ein Beispiel im Telgter Heimathaus, in: Die Weihnachtskrippe, 48. Jahrbuch der Landesgemeinschaft der Krippenfreunde in Rheinland und Westfalen, Telgte/Köln 1981, S. 75

Ders.: Beispiel einer Faltkrippe. Neu erworben für das Heimathaus Münsterland, in: Die Weihnachtskrippe, 48. Jahrbuch der Landesgemeinschaft der Krippenfreunde in Rheinland und Westfalen, Telgte/Köln 1981, S. 90–91

Ders.: Ein Krippenkasten aus dem 19. Jahrhundert. Eine Neuerwerbung für das Heimathaus Münsterland, in: Die Weihnachtskrippe, 50. Jahrbuch der Landesgemeinschaft der Krippenfreunde in Rheinland und Westfalen, Telgte/Köln 1983, S. 47–49

Ders.: Biographie und Bibliographie Dr. Paul Engelmeier, in: Ders. (Hrsg.): Festschrift Fünfzig Jahre Heimathaus Münsterland Telgte (1934–1984), Schriftenreihe des Heimathauses Münsterland Bd. 1, Telgte 1984, S. 5–28

Kroos, Franz: Heimstatt der Krippenfreunde. Vier Jahrzehnte Heimathaus Münsterland in Telgte, in: Die Weihnachtskrippe, 41. Jahrbuch der Landesgemeinschaft der Krippenfreunde in Rheinland und Westfalen, Telgte 1974, S. 46–50

Lettmann, Reinhard: Grußwort zur Eröffnung des Krippenmuseums am 12.09.1994, in: Die Weihnachtskrippe, 60. Jahrbuch der Landesgemeinschaft der Krippenfreunde in Rheinland und Westfalen, Telgte/Köln 1996, S. 25–27

Losse, Vera: Das Christkind, die Schule, der Lehrer und ich, in: Katalog zur 68. Krippenausstellung des Heimathauses Münsterland 1998/99, S. 63–74

Dies.: Honigkuchen, Spekulatius, Stutenkerl & Co., in: Katalog zur 59. Krippenausstellung des Heimathauses Münsterland 1999/2000, S. 65–75

Dies.: Weihnachten im Bild, in: Katalog zur 60. Krippenausstellung des Heimathauses Münsterland 2000/01, S. 59–75

Lütkemeyer, Gertraud / Janssens, Peter / Schaube, Werner: Ein Rettungslied, in: Katalog zur 55. Krippenausstellung des Heimathauses Münsterland 1995/96, S. 31–33

Mielenbrink, Egon: Die Weihnachtskrippe – auch 1974? Eine Fragestellung, in: Die Weihnachtskrippe, 41. Jahrbuch der Landesgemeinschaft der Krippenfreunde in Rheinland und Westfalen, Telgte 1974, S. 24–29

Möhring, Josef: Unserem Ehrenvorsitzenden Dr. Paul Engelmeier zum 75. Geburtstag, in: Die Weihnachtskrippe, 30. Jahrbuch der Landesgemeinschaft der Krippenfreunde in Rheinland und Westfalen, Köln 1963, S. 115–116

Ostendorf, Thomas: Einführung, in: Katalog zur 45. Krippenausstellung des Heimathauses Münsterland 1985/86, S. 4–7

Ders.: Alle Jahre wieder, in: Katalog zur 46. Krippenausstellung des Heimathauses Münsterland 1986/87, S. 5–11
Ders.: Die Vielfalt der Hauskrippe, in: Katalog zur 47. Krippenausstellung des Heimathauses Münsterland 1987/88, S. 5–10
Ders.: Eine unendliche Geschichte in: Katalog zur 48. Krippenausstellung des Heimathauses Münsterland 1988/89, S. 5–9
Ders.: „Baby macht heia“, in: Katalog zur 49. Krippenausstellung des Heimathauses Münsterland 1989/90, S. 6–13
Ders.: Die Beschäftigung mit der Weihnachtskrippe. 65 Jahre Landesgemeinschaft, in: Die Weihnachtskrippe, 56. Jahrbuch der Landesgemeinschaft der Krippenfreunde in Rheinland und Westfalen, Telgte/Köln 1990, S. 5–9
Ders.: Die Krippenausstellungen im Heimathaus Münsterland, in: Katalog zur 50. Krippenausstellung des Heimathauses Münsterland 1990/91, S. 9–43
Ders.: Ein Krippenmuseum der Krippenfreunde, in: Die Weihnachtskrippe, 57. Jahrbuch der Landesgemeinschaft der Krippenfreunde in Rheinland und Westfalen, Telgte/Köln 1991, S. 52–63
Ders.: Bethlehem ist überall, in: Katalog zur 51. Krippenausstellung des Heimathauses Münsterland 1991/92, S. 9–18
Ders.: Vom Krippenmuseum, dem Weltkongress und der Landesgemeinschaft, in: Die Weihnachtskrippe, 58. Jahrbuch der Landesgemeinschaft der Krippenfreunde in Rheinland und Westfalen, Telgte/Köln 1993, S. 5–10
Ders.: Eine Arche, in: Katalog zur 55. Krippenausstellung des Heimathauses Münsterland 1995/96, S. 11–19
Ders.: Das Krippenmuseum in Telgte, in: Die Weihnachtskrippe, 60. Jahrbuch der Landesgemeinschaft der Krippenfreunde in Rheinland und Westfalen, Telgte/Köln 1996, S. 29–34
Ders.: Ein Tip für die Suche nach dem Licht der Welt: krippen@t-online.telgte, in: Katalog zur 57. Krippenausstellung des Heimathauses Münsterland 1997/98, S. 11–13
Ders.: Josef Grasedieck – Bildhauer und Krippenkünstler, in: Die Weihnachtskrippe, 62. Jahrbuch der Landesgemeinschaft der Krippenfreunde in Rheinland und Westfalen, Telgte/Köln 1998, S. 5–9
Ders.: Ein Leben lang – Der Berliner Bildhauer, Maler und Krippenkünstler Rudolf Heltzel, in: Die Weihnachtskrippe, 62. Jahrbuch der Landesgemeinschaft der Krippenfreunde in Rheinland und Westfalen, Telgte/Köln 1998, S. 16–22
Ders.: Der einzelne Weise. Eine frühe Krippengestaltung des Bildhauers Wilfried Koch, in: Die Weihnachtskrippe, 62. Jahrbuch der Landesgemeinschaft der Krippenfreunde in Rheinland und Westfalen, Telgte/Köln 1998, S. 23–32
Ders.: Bischof-Heinrich-Tenhumberg-Preis 1996, in: Katalog zur 57. Krippenausstellung des Heimathauses Münsterland 1997/98, S. 28–29
Ders.: Der Bischof-Heinrich-Tenhumberg-Preis 1997, in: Katalog zur 58. Krippenausstellung des Heimathauses Münsterland 1998/99, S. 15–18
Ders.: Die große Krippe, in: Katalog zur 58. Krippenausstellung des Heimathauses Münsterland 1998/99, S. 33–36
Ders: Und es begibt sich in unserer Zeit, in: Katalog zur 60. Krippenausstellung des Heimathauses Münsterland 2000/01, S. 9–12
Ders.: Mit Optimismus in die Zukunft, Gespräch der Landesgemeinschaft der Krippenfreunde in Rheinland und Westfalen mit dem 1. Vorsitzenden, in: Die Weihnachtskrippe, 63. Jahrbuch der Landesgemeinschaft der Krippenfreunde in Rheinland und Westfalen, Telgte 2001, S. 117–124

Ders.: Ein Geschenk des Himmels, in: Katalog zur 62. Krippenausstellung des Heimathauses Münsterland 2002/03, S. 9–10

Ders.: Unter einem guten Stern, in: Katalog zur 64. Krippenausstellung des Heimathauses Münsterland 2004/05, S. 9–12

Ders.: Zu Bethlehem geboren – Einführung in die Ausstellung, in: Katalog zur 70. Krippenausstellung des Heimathauses Münsterland 2010/11, S. 9–14

Ders.: Relígio – Westfälisches Museum für religiöse Kultur, in: Katalog zur 71. Krippenausstellung des Heimathauses Münsterland 2011/12, S. 25–32

o. V.: 30 Jahre Landesgemeinschaft der Krippenfreunde in Rheinland und Westfalen e.V., Rückblick und Ausblick, in: Die Weihnachtskrippe, 22. Jahrbuch der Landesgemeinschaft der Krippenfreunde in Rheinland und Westfalen, Werl 1955, S. 26–28

o. V.: Einbaum-Krippe aus Tansania. Mittelpunkt der Telgter Ausstellung 1975, in: Die Weihnachtskrippe, 43. Jahrbuch der Landesgemeinschaft der Krippenfreunde in Rheinland und Westfalen, Telgte/Köln 1976, S. 78–80

o. V.: Ehrenpreis des Bischofs von Münster für vorbildliches Krippenschaffen. Bei der 40. Krippenausstellung im Heimathaus Münsterland, in: Die Weihnachtskrippe, 48. Jahrbuch der Landesgemeinschaft der Krippenfreunde in Rheinland und Westfalen, Telgte/Köln 1981, S. 69–70

o. V.: Krippana – Die große internationale Kirchenkrippenausstellung im neuen Domizil, in: Die Weihnachtskrippe, 56. Jahrbuch der Landesgemeinschaft der Krippenfreunde in Rheinland und Westfalen, Telgte/Köln 1990, S. 104–105

o. V.: Auf der Suche nach dem Licht der Welt, in: Katalog zur 73. Krippenausstellung des Museums Relígio 2013/2014, S. 109–120

o. V.: Geheimnis der Heiligen Nacht. Beiträge aus dem Wettbewerb arsLITURGICA 2019, in: Katalog zur 81. Krippenausstellung des Museums Relígio 2021/22, S. 142–159

Schöne, Anja: Friede auf Erden – Einführung in die Ausstellung, in: Katalog zur 77. Krippenausstellung 2017/18 des Museums Relígio, S. 8–10

Dies.: Zur Krippe her kommet … Die Telgter Krippenausstellung im Wandel der Zeiten, in: Katalog zur 78. Krippenausstellung des Museums Relígio 2018/19, S. 8–9

Dies.: Auf der Suche nach dem Licht der Welt – eine Ausstellung der Gegensätze, in: Katalog zur 79. Krippenausstellung des Museums Relígio 2019/20, S. 8–9

Dies.: Geheimnis der Heiligen Nacht 2.0 – Eine Ausstellung im Schatten der Coronaepidemie, in: Katalog zur 81. Krippenausstellung des Museums Relígio 2021/22, S. 8–11

Dies.: Mittendrin – Kreativität in Pandemiezeiten, in: Katalog zur 82. Krippenausstellung des Museums Relígio 2022/23, S. 9–11

Dies.: Weihnachtsfrieden – eine Ausstellung zu zwei Jubiläen, in: Katalog zur 83. Krippenkunstausstellung des Museums Relígio 2023/24, S. 9–12

Dies. / Ostendorf, Thomas: Fremde Weihnacht, in: Katalog zur 62. Krippenausstellung des Heimathauses Münsterland 2002/03, S. 70–94

Schwarz, Wilfried. Die Heilig-Land-Pilgerreise des Franziskus von Assisi. Ein früher Versuch des Dialogs der Kulturen und Religionen, in: Die Weihnachtskrippe, 65. Jahrbuch der Landesgemeinschaft der Krippenfreunde in Rheinland und Westfalen, Münster 2020, S. 89–97

Wahle, Stephan: „Über der Krippe wird ein Hochamt gefeiert“. Zur eucharistischen Prägung der Krippenfeier des Heiligen Franziskus, in: Die Weihnachtskrippe, 65. Jahrbuch der Landesgemeinschaft der Krippenfreunde in Rheinland und Westfalen , Münster 2020, S. 79–88

Weber, Caroline Maria: LG – Quo Vadis? 95 Jahre Landesgemeinschaft der Krippenfreunde in Rheinland und Westfalen, in: Die Weihnachtskrippe, 65. Jahrbuch der Landesgemeinschaft der Krippenfreunde in Rheinland und Westfalen, Münster 2020, S. 17–29

Wolter, Klaus Jürgen: Heiligabend im Männer-Asyl, in: Katalog zur 47. Krippenausstellung des Heimathauses Münsterland 1987/88, S. 46–50

Ders.: Weihnachten vor der Tür, in: Katalog zur 49. Krippenausstellung des Heimathauses Münsterland 1989/90, S. 37–42

Bildnachweis

Alle Abbildungen – sofern nicht anders angegeben – stammen aus dem Bildarchiv des Museums. Soweit bekannt, werden die Fotografinnen und Fotografen namentlich genannt.

Bildarchiv Museum Relígio
Böer, Jürgen: Abb. 82, 91, 98
Fotostudio Heller, Telgte: Abb. 25, 78, 81, 82, 90, 93, 98
Kohorst, Leo: Abb. 97
Kube, Stephan: Abb. 101, 103, 104, 106–108, 111–115, 117–123
Lechtape, Andreas: Abb. 89, 95, 124
Ring, Christian und Pisarsky, Nils: Abb. 2, 105, 109, 125
Ostendorf, Thomas: Abb. 56, 59, 65

Privataufnahmen
Robert, Rüdiger: Abb. 3, 23, 53, 70, 71, 74, 102, 109, 123